战败

日本最漫长的一天

[日] 半藤一利 著

蒋奇武 译

浙江人民出版社

图书在版编目（ＣＩＰ）数据

战败：日本最漫长的一天 /（日）半藤一利著；蒋奇武译. — 杭州：浙江人民出版社，2023. 8
ISBN 978-7-213-11086-3

Ⅰ. ①战… Ⅱ. ①半… ②蒋… Ⅲ. ①第二次世界大战－史料 Ⅳ. ①K152

中国国家版本馆CIP数据核字（2023）第104773号

战败：日本最漫长的一天
ZHANBAI : RIBEN ZUI MANCHANG DE YITIAN

[日]半藤一利　著　蒋奇武　译

出版发行　浙江人民出版社（杭州市体育场路 347 号　邮编：310006）
　　　　　市场部电话：(0571) 85061682　85176516
责任编辑　潘海林　魏　力
营销编辑　陈雯怡　张紫懿　陈芊如
责任校对　何培玉
责任印务　幸天骄
封面设计　东合社·安宁
电脑制版　北京之江文化传媒有限公司
印　　刷　杭州丰源印刷有限公司
开　　本　710 毫米 × 1000 毫米　1/16　　印　　张：18.25
字　　数　200 千字　　　　　　　　　　　插　　页：4
版　　次　2023 年 8 月第 1 版　　　　　　印　　次：2023 年 8 月第 1 次印刷
书　　号　ISBN 978-7-213-11086-3
定　　价　88.00 元

如发现印装质量问题，影响阅读，请与市场部联系调换。

序　言

我想对于当今的日本和日本人来说，最重要的事莫过于通过 "平衡感" 获得复原的能力，虽然不可避免因国内外形势的变化而导致剧烈的左右摇摆。然而，能否在适当的时候恢复平衡，却往往能够决定一个人或一个民族的命运。

我在拙著《火焰奔流》一书中，重点讨论了构成日本精神结构的内核——日本人的 "忠心" 的起源和本质。通过种种史料回顾幕府末期以来日本人的轨迹，我了解到，虽然日本人经历过的动荡着实剧烈，但是，他们恢复平衡的能力却绝不逊色于世界上任何其他国家和民族。正是凭借着这种恢复平衡的能力，日本在过去的一个世纪里成了亚非地区唯一一个实现近代化的国家，并且成功跻身 "发达国家" 的行列。

战败后的日本又一次上演了相似的历史。距今20年前的8月15日，日本突然迎来了类似幕府末期的 "震荡"。和近代日本所经历的几次一样，这场震荡再次成了考验日本 "平衡感" 的又一个案例。

通过调查当时身处日本中枢的关键人物们的动向，来观察在面临建国以来第一次以战败的形式出现的重大变化时，整个国家是如何动摇的，再将其与幕府末期进行比较，一定会得出很有意思的结果。

文艺春秋社旗下"战史研究会"的各位同仁策划了《日本最漫长的一天》一书，并尽可能多地收集各种史料编写此书。从某种意义上说，本书所描写的内容可以算得上是一场"二十四小时的维新运动"。其中的大部分是不知不觉中发生在国民大众身上的。

因此，本书并不是对"终战之日"的种种回忆进行简单的罗列，而是一部以迄今未公开的资料为基础，以日本人的精神结构为主题，由二十四幕构成的"长篇连续剧"。

书中出现的每一位人物都遵循着自己的"日本式忠诚"行事。虽然他们之间有着利益的冲突，彼此命运交织，却没有一位伟大的政治家或统帅能从宏观上审视整个局势并冷静地做出判断。为此，在同样情况下，其他国家闻所未闻的独特的悲喜剧，在日本各地随处上演，不以"演员"的意志为转移。也正因如此，该剧还充满了惊险和悬念。

当然，书中演绎的这部"长剧"未能将历史原原本本地展示出来。即使是在20年后的今天，仍然有许多战争的亲历者，他们拒绝说出真相，要求将真相隐藏。虽说现在"已经不是战后了"，但是"战败"这一强烈震荡之后的"余震"仍在我们看不到的地方继续发生着。

我在《火焰奔流》中一直探寻日本特殊性的问题，我认为，本书为我提供了一个明确的答案。与此同时，本书也描绘了以战败为契机，正在经历巨大变化的日本民族新历史的第一页。我想，它或许未能完全做到，但也算是为描述那段新历史开了个头。

大宅壮一

1965年7月

译者序

在日本决定投降、接受战败的过程中，以昭和天皇及其亲信为首的日本统治集团面临着巨大的存亡危机。第二次世界大战结束后，美国实际上是通过保留天皇制，对日本实行了间接统治。为了应对冷战，美国把日本作为其在亚洲的桥头堡，让其成为制衡苏联的前沿阵地。因此，为了维持和巩固日本的保守体制，美国一方面保留了战前的各方势力（军方除外），另一方面又不断对其进行整合。第二次世界大战后诞生的"象征天皇制"便是这一体制的核心，被赋予了重要的使命。

所以，第二次世界大战结束后，天皇并未被追究战争责任，而是在所谓的"象征天皇制"下继续君临日本。不过，深知日本在美国亚洲战略中地位的昭和天皇却没有被"象征"二字所束缚，而是开启了日本的对美依附模式。他采取了诸如直接派人与美国交涉，推动签署《日美安保协议》；主动提议美国在冲绳实行军政统治等积极的行动。

可以说，战后天皇制是得益于美国的亚洲冷战政策以及日本保守势力的内部重整（包含天皇自身的种种努力）这两种内外部秩序的相互交织才得以存续下来的。战后，为了使新生的象征天皇制能够在战败的社会环境中迅速发挥作用，最大程度地保留天皇的威信便成了美日当局的当务之急。

因此，有必要创作一个家喻户晓的"故事"，让该故事的主角昭和天皇扮演开启战后日本复兴和发展篇章、为新生日本注入原动力发挥出巨大作用的救世主。为此，一定要上演一出天皇心系社稷、忧国忧民、不顾万难、亲自拍板决定停止战争，即强调正是由于天皇的"圣断"，之前的战争才得以终结的"大戏"。这一决定战败过程中的"圣断"不仅成功地维护了日本的"国体"，而且还成功地将天皇制国家的内涵延续至今。

日本政治学家古关彰一、白井聪等曾一针见血地将日本的这种战后体制称为"对美依附"体制。"依附"这一行为，在两大阵营对立的冷战时期，是很多弱国和小国的生存之道。依附初期可以获得来自大国的诸如军事保护、经济援助等种种红利，不过后期想要摆脱依附就要付出巨大的代价。日本想要摆脱这种"对美依附"体制所要支付的成本恐怕不亚于一次社会革命带来的冲击。而这一切又都源于本书所描绘的这一出终战的"大戏"。

本书的内容是围绕天皇做出上述"圣断"的前前后后，直至通过广播颁布《终战诏书》，即1945年8月14日中午至15日中午这24小时期间内所发生的一系列事件展开的。书中粉墨登场的各方势力，都在努力地寻求自认为的最佳答案。然而，正如作者所述"却没有一位伟大的政治家或统帅能从宏观上审视整个局势并冷静地作出判断"。

诚然第二次世界大战的败局让日本没有太多的选择，但是寻求自保的本能和狭隘的眼光，让眼前的存续大于江山社稷，让铃木内阁对《波茨坦公告》置之不理，拖延战争。其后果是美军空袭和原子弹的投下所造成的日本国民的死伤和亚洲各国民众的死难。让陆军大臣阿南惟几只能在军国主义和武士道的洗脑下，选择了对天皇尽忠的终极方式——剖腹自杀。还让畑中、椎崎等少壮派军人积极筹划、实施军事政变，打算进行最后的垂死挣扎。这些人都是国体的拥护者，他们无法跳出国体去审视日本这个国家，以及这个国家真正的未来。所以，在阅读本书时，读者朋友还需要注意的，就是书中涉及人物所要维护的所谓"国体"到底是什么。

今日的教科书大多会告诉你："1945年8月15日，日本宣布无条件投降。"但实际上日本并非是无条件投降的，而是"有条件"投降的。

早在8月9日苏联对日宣战之后举行的最高战争指导会议上，针对主和派同意无条件投降，主战派提出了投降的四个条件："一是保留天皇国体。二是盟军不登陆日本。三是日本自行解散军队。四是战犯由日本自行处决。"对此，主和派与主战派争吵不下。最终，裕仁天皇亲自拍板决定，只提出"保留天皇国体"这一个条件。为了在战后激荡的国际局势中占据优势，美国默许了日本提出的这一条件，让日本在"保留天皇国体"的条件下宣布投降。

本书中的登场人物，无论是天皇及其亲信，还是各大臣及其手下，在面对盟军即将发起的登陆作战，在作出是降是战，亦或是认可投降条件时，大家所关心的焦点都集中在能否维系"国体"之上。

日本的"国体"与一般所指的国家性质不同，其强调的是以天皇为中心的社会秩序，宣扬日本是神的国家，天皇的统治是万世一系的，日本是一个大家族国家，君民关系是基于情同父子般的浓厚感情，而非建立在社会契约之上。具体的体现就是在神意的授权下，万世一系的天皇作为"现人神"进行统治的日本独有的国家形态，以及支持这种政治形态的伦理体系、历史观和世界观。这一社会特点能让日本民族具有别国所不具有的独特性。

从明治维新建立了日本地主资产阶级联合专政，并确立了近代天皇制之后，经过对外的侵略（甲午战争、日俄战争、吞并朝鲜半岛等）和对内的高压（大逆事件、"明征国体"运动等），"国体"这一概念逐渐具备了统合民众、确立民族认同的强大作用。纵观日本近代以来民族主义的兴起，可以发现每当内部统治出现危机，统治阶层中意欲改革的激进分子便会高举"国体"，打着"清君侧"的旗号，发动政变进行造反。

本书很大篇幅都在描写畑中、椎崎等少壮派军官是如何策动和实施政变的。对此作者似乎是以一种"客观中立"的视角进行记述，但对于这些一厢情愿、逆历史大潮，不惜让日本整个民族都进行陪葬的军国主义暴徒的批判是不够的。因为这些自诩为"爱国勇士"的他们无疑是中"国体"之毒最深的，被统治阶层丢掉的"弃子"。

学者中根千枝曾把日本的社会结构特点归结为"纵式"，提出了著名的"纵式社会"理论。在这个有着强烈的"序列意识"、注重上下关系的社会中，却会时常出现"一揆"和"下克上"的事件。历史上当日本社会乱成一团，陷入国家危难之际，比如蒙古袭来、镰仓北条政权倒台、下克上之风盛行的战国时代，以及即将沦为欧美殖民地的明治维新前夕，这种以尊皇精神为根本的"国体"便会大放异彩。通过镇压和笼络等手段来团结抵抗的人民，构建出新的社会形态。不过，这种具有排除异己时所发挥的排他性作用和暴力特征的"国体"又必定会让利用它所构建起来的国家最终走向崩溃。

战败后的日本留下了帝国的崩溃与民众的哀嚎。本书中天皇和群臣以及大小官僚所极力维护的那个"国体"到底是以怎样的方式存续下来的呢？

与战前的国体不同的是，战后国体的构建在其筹备阶段几乎是没有民众参与的。毫无疑问，美国在战败时期"国体"的重组中起了决定性作用。作为"操刀手"的美国对战败的日本进行了大刀阔斧的改革。其中对以确立象征天皇制为代表的"国体"进行重组，是美国对日上层建筑改革的核心。学者白井聪指出这一重组的结果是塑造了一个本质上对美依附的"菊花和星条旗复合型"的战后"国体"。而这一国体在经历战后的复兴和繁盛之后，其必然的归结仍然是崩溃。因为日本的国体一直是阻碍国民自主精神的形成为代价的，是缺乏国民独立精神的国家暴走的产物。

纵览本书，读者应该能够发现，这场终战大戏是一部缺少"人民"这一历史主人翁参与的大戏。缺少了人民参与的，经过敌国之手，自上而下重组后得以再生的新国体的内核被"偷梁换柱"，最后只能剩下一个空壳。关于这些，应该是在书中的某些登场人物的预料之中吧。

第二次世界大战后，日本未曾经历"翻天覆地"的社会变化，传统文化依旧根深蒂固。本书曾多次被改编成电影，在日本可以说是家喻户晓。在本书中，作者力争描述历史，重现事件的全貌，未做什么主观评判。但是，电影的展现手法却由重视纪实性，渐渐滑向了突出事件的戏剧冲突，刻画煽情的场景，这些都很容易将观众带偏。对此我们在阅读和观影时应该注意。

蒋奇武

2022年11月20日

目 录
Contents

1

序　幕

"唯有置之不理"

　　7月27日①发布的《波茨坦公告》震撼了东京的中枢神经，那一天决定了日本的命运。当日晴空万里，清晨时分仿佛就已经可以感受到中午的酷热。午夜时分，就在相关人士认为今夜可以平安无事的时候，一串来自国外的无线电波划破了宁静的夜空，日本迎来了历史性的转折点。

　　自开战②以来已有4年，眼下日本败局已定。在这种情况下，许多相关人士深知，仅靠日本一国之力对抗整个世界，最后的结局只有投降或者战斗到底，决定命运的时刻已迫在眉睫。正因如此，此时他们是以一种既出乎意料又理所当然的心境接受了《波茨坦公告》。然

---

① 　《波茨坦公告》发布时间为7月26日，7月27日为日本方收到公告的时间。——译者注
② 　此处的开战指的是日本正式以国家之名对外宣战。——译者注

而，混乱的局面和紧张的情绪是无法掩盖的，尤其是军队，到处弥漫着惊慌失措和狼狈不堪的气氛。中央各部委的人一上班，军人们就异口同声地喊道："喂，上面有斯大林的名字吗？"等到从刚刚的惊慌失措中平静下来之后，他们才意识到，苏联没有对日宣战，斯大林的名字当然没有出现在公告上。

第一时间收到消息，并因此而振奋起来的是外务省。数月以来，外务省的领导们就一直在暗地里盘算如何结束这场战争。但是，军方号召在本土进行决战，人民又对此深信不疑，在这种狂热气氛中，终战一事一直未能公开。在收到公告之际，他们意识到自己必须要成为——不，确切地说是已经成为"主角"了。

在紧急干部会议上，外务次官松本俊一、条约局长涩泽信一、政务局长安东义良围在外务人臣东乡茂德身边，彼此交换了意见。他们就接受《波茨坦公告》一事达成了共识。然而，还有一个问题值得关注，那就是苏联的态度。几乎可以肯定的是，中立国苏联政府就日本问题的意见曾在波茨坦会议上被征求过，但它并没有在公告中签名。对此，有人分析说，这可能意味着苏联将永久保持中立。公告应该接受，但是撇开请苏联开展的已经着手的和平调解请求工作，立即接受公告也并非上策。最终他们达成静观其变的共识，这对日本来说或许是个明智之举。

经过一番讨论之后，7月27日上午11点，东乡外长进宫觐见天皇。在将《波茨坦公告》的临时译本毕恭毕敬地呈上后，东乡用低沉而颤抖的声音向陛下说明了下列事项：公告里没有苏联首脑的签名；国体或陛下的地位仍未明确；"无条件投降"一词仅适用于军方。

　　在一阵令人窒息的沉默之后，天皇说："无论如何，至此终于有望终止战争了。我想仅此一点便足以让人高兴了。尽管还有各种讨价还价的空间，但原则上我们没有选择，只能接受。如果不接受，战争就要继续。不能再让国民受苦了。"

　　遵照天皇的旨意，最高战争指导会议①于下午1点30分召开了一次例会。此时，除东乡外长外，其他5人都认为《波茨坦公告》只不过是一纸宣言而已。另外，当天下午还召开了内阁例会，全体阁员一致赞成东乡外长提出的"静观"策略。至此，日本政府决定采取"静观其变"的态度，对公告不作回应。在这里，日本政府犯了一个极大的错误。《波茨坦公告》在其结尾处明确指出："不得与以上条件相左。"换句话说，同盟国的意思是除了接受公告之外，不接受任何形式的谈判或斡旋。然而，在最高战争指导会议和内阁会议上，竟无一人认为这是个"最后通牒"②。

　　第二天，28日，在内阁情报局的指导下，各家报社在早报上登载了《波茨坦公告》。然而，各家报社在报道中都尽量保持低调，他

---

①　最高战争指导会议共6名成员，分别为政府方面的首相、外相、陆相、海相，以及统帅部方面的参谋总长、军令部总长。除以上人员，正式成员还有权在必要之际，让其他内阁成员加入会议。该会议有权对国务和统帅，即政略和战略进行整合与协调，拥有所谓的战争指导权。

②　德川梦声的日记以其对当天所发生事件的清晰记述闻名于世。但在7月28日这天的日记中，却连《波茨坦公告》的"波"字都找不到。在28日这一天的日记中，高见顺写道："我在烛光下看报纸。英国的政变、波茨坦的广播、美英蒋的对日投降条件的广播、《读卖报知》和《每日新闻》都用了'可笑至极'这个形容词。"后面便引用了该段报道。

们删除了那些可能削弱国民战斗意志的条款，也没有报道政府的官方立场。[①]不仅如此，因为担心此举可能会削弱国民的战斗意志，报纸上反而出现了斗志昂扬、意志坚定的文字。《读卖报知》刊登了题为"可笑至极！对日投降条件"的摘要，宣称："（我们）正朝着胜利挺进，帝国政府毫不在乎。"《朝日新闻》刊登了"政府对此不予理会"的标题报道。《每日新闻》则豪言壮语地写道："可笑至极！粉碎美英蒋联合公告的自我陶醉，将'圣战'进行到底。"

在报纸的煽动下，军方高层的态度突然变得强硬起来。军队统帅部非常不满政府在收到苏联政府的答复之前不公开表态的怯懦做法。诘问电报也开始不断地从前线传来。军令部次长大西泷治郎中将等人敦促首相铃木贯太郎，要坚决反击盟军，激发国民的斗志。对此，陆军高层也随声附和。

一方面是外交斡旋，另一方面是军方强烈的作战意愿。政府身陷矛盾之中，处境艰难。碰巧那天下午，刚好有一个首相的新闻发布会要召开。大家妥协后，同意铃木首相可以在会上轻描淡写地陈述一下意见。对此，军方也姑且认可了。

下午4点，当被记者们问及如何看待《波茨坦公告》时，铃木首相满脸阴沉地答道："我们认为联合公告只是重复开罗会议的声明。对于日本政府来说，它并没有什么重大的价值。唯有置之不理而已。我们只管勇往直前，成功地作战即可。"

---

① 被删除的字句是同盟国"不会将日本民族奴隶化或让日本国民灭亡""允许日本士兵在解除武装之后返回家庭并给予从事和平生产的生活机会"。

　　但是，这份近似傀儡式的声明在通过对外广播网向全世界播出之际，却被视为日本首相的正式发言，备受重视。而后，这个"置之不理"最终被外国媒体报道为 "日本拒绝接受《波茨坦公告》"。众所周知，这为日后美国投掷原子弹以及苏联宣战的正当化提供了理由。

　　留给日本的时间明明已经所剩无几，如此宝贵，但依旧一天天地被浪费掉了。除了接受《波茨坦公告》之外，没有其他办法可以拯救日本，但政府和统帅部都没有意识到这一点。有段时间，所有人的目光都集中在苏联身上，却始终没有采取任何行动。远赴苏联进行和平斡旋的特使及其随行人员已大致敲定：以前首相近卫文麿为中心，还有外务次官松本俊一、加濑俊一、哈尔滨总领事宫川船夫、高木惣吉少将、松谷诚大佐以及近卫文麿的知交们酒井镐次、富田健治、伊藤述史、松本重治、细川护贞等。前外相重光葵作为苏联通，其名字也出现在候补人员名单上。

　　但是，大家对斡旋能否取得成功未能做出正确的预判，只是一味地等待苏联的答复，这比什么都不做更糟糕。明知错失一天将会留下千古遗憾，但大家依旧无所作为地任由时光流逝……

　　眼见斡旋没有任何进展，唯有东乡外相焦虑不安。铃木首相在内阁会议和其他场合有"急于结束战争就如同逼迫前线的将士们叛变。有一句老话说得好，'将在外，君命有所不受'"等反向言论。东乡外相对此既愤慨又一筹莫展。

　　对铃木首相不信任的小道消息时常能从内大臣木户幸一、前首相近卫文麿及其周围人那边传来。置国内形势于不顾，苦等苏联那边不可靠的答复，让时间一点一点地流逝。对此，日本领导层内部刮起了一股焦虑不安的旋风。

但是，铃木首相依旧选择继续等待。

"必须忍难忍之事"

8月6日上午，广岛天气晴朗，万里无云。7点09分，3架B-29飞机出现在预警雷达上。警报发出了，但敌机没有来袭；7点31分，警报解除。广播通报敌机是飞来侦察的。约40万市民如释重负，恢复了日常的生活。

8点15分，伴随着一道强烈的闪光，巨大的爆炸发生了。一枚炸弹给40万人只带来了一个字——"死"。广岛市瞬间从地球上消失了。

在位于东京的日本的中枢机构中，最先得知广岛被毁消息的是海军省①。8点30分，吴镇守府②送来了首份报告。海军省决定中午派遣一个调查团。直到很晚，陆军中央才得知这一消息。由于广岛的通信网络已被完全摧毁，所以来自第二总军司令部（位于广岛）的报告还是通过吴镇守府转送过来的。

直到下午晚些时候，陆军省③才通过内阁书记官长迫水久常将广

---

① 海军省：在第二次世界大战以前，主管大日本帝国海军的内阁机构及军政机关，相当于世界各国的海军部。部门主官称海军大臣。——译者注

② 镇守府：前日本帝国海军机构，负责各海军区的安全，对附属单位进行监督。——译者注

③ 陆军省：在第二次世界大战以前，主管大日本帝国陆军的内阁机构及军政机关，

岛的最新消息报告给内阁。几乎在同一时间，天皇也从侍从武官长莲沼蕃那里得知广岛市被彻底摧毁的消息。当天皇得知广岛是被一颗炸弹毁灭的时候，他面露愁容、神情阴郁，没有再追问什么了。

8月7日早晨，美国电台广播了杜鲁门（Harry S. Truman）总统的声明："我们投入20亿美元进行了一场历史性的赌局，并且取得了最终的胜利……6日，在广岛投下的炸弹是一颗给战争带来革命性变化的原子弹。只要日本不投降，我们将会在其他城市投下更多炸弹。"侍从长藤田尚德在外务省方面获此消息后，立即直奔御文库，向天皇禀报此事。听完报告后，天皇通过侍从长，命令政府和陆军进一步汇报细节。

尽管陆军也承认此事"有可能"发生，但他们声称这可能是盟军方面的宣传或谋略，仍然试图在兴奋和混乱中保持坚强和冷静。全国各地都发布了禁言令。情报局、科学技术院以及军方的相关人士频繁地召开会议，讨论如何告知国民被炸的事实以及公告的内容。经过激烈的争论，共识最终达成：在官方调查确认事实之前，不使用"原子弹"一词。面对地球上突然出现的全能统治者，日本帝国竟硬要摆出一副视而不见的姿态。只不过，这无法掩盖原子弹是压垮帝国的最后一根稻草的事实。

下午3点30分，大本营通过无线电，用一种简洁却瘆人的文字向国民作了如下的广播："一、8月6日，也就是昨天，广岛市遭受少数B-29敌机来袭，造成了相当大的损失。二、在上述袭击中，敌机可能使用了一种新型炸弹，目前正在调查详细情况。"

相当于世界各国的陆军部。部门主官称陆军大臣。——译者注

7

该消息播出之后，持不同立场、不同见解的人便络绎不绝地来到首相官邸。其中，有些人呼吁立即结束战争，有些人扬言要战斗到底，也有些人大声疾呼捍卫国体，还有人宣扬帝国的使命。然而，政府依旧没有任何行动的迹象。

接着，8日的早报刊登了昨天大本营广播中关于"新型炸弹"的报道，然而，杜鲁门的声明已成了此时日本政界以及媒体的焦点。没有人再相信大本营所谓的"阴谋论"。当天下午，东乡外长决意进宫觐见天皇。外相在御文库的地下室与天皇会面，他详细地向天皇禀报了从昨天开始的与英美有关原子弹的广播，并上奏说短波频道全都在反复播放有关原子弹的消息，仿佛疯了一般。对此，天皇早有所闻，并且已经做出重大决定。天皇用低沉的声音对外相说：

"一旦使用了这种武器，战争就已经无法再继续下去了，获胜毫无可能。要想得到有利的条件，就不能错失良机。要想尽办法早日结束战争！把我的意思转告给木户内大臣和铃木首相！"

得知天皇决意准备投降之后，铃木首相当天就打算召开紧急最高战争指导会，但因两三个与会人员无法参加，不得不推迟到次日上午。

此时，一份决定性的报告被递到了铃木首相面前。这是飞往广岛的调查小组从现场发来的，里面写着"投放到广岛的炸弹是原子弹"。迫水书记官长拿着报告，敲开了首相办公室的门。

"明天上午9点，必须召开内阁会议，决定今后的方针。"

"就这样办吧。"首相说完后，又以轻松的语气补充道，"在明天的内阁会议上，我会明确表态。战争应该结束了……官长，请提前拟一份发言稿。"

就这样，尽管首相决心已下，终战方案却迟迟未定，又一天被毫无意义地浪费掉了。不，不是毫无意义的一天，而是决定性的一天结束了。

8月9日凌晨3点，首相官邸桌上的电话响了起来。迫水书记官长在半睡半醒之间，听到了同盟通信社外信①部长的声音："不得了啦！旧金山的广播里说，苏联已经对日宣战了！"

天一亮，迫水书记官长就带着形形色色的情报以及内阁会议上的发言稿，朝首相私邸飞奔而去。铃木首相冷静地说："该来的，终于还是来了。"

凌晨5点，东乡外相也急匆匆地赶到了首相私邸。首相嘟囔了一句："就让这场战争在此届内阁任内结束吧。"

由内阁提出的请苏联从中斡旋，寻求和平的努力最终失败了，以一贯的政治常识来判断的话，此时铃木内阁应当集体引咎辞职。一见到首相，书记官长就表明了此意。然而，首相刚才的那番话，却表明了他置该常识于不顾，准备火中取栗的决心。

时局如此紧迫，上午10点30分，宫中召开了最高战争指导会议。铃木首相开门见山地说："无论是广岛被原子弹轰炸，还是苏联的参战，从形势上看，我认为战争已经不可能再继续下去了。我们别无选择，唯有接受《波茨坦公告》，结束战争。我想听听诸位的想法。"

整个会场笼罩着令人压抑的沉默，长达数分钟之久。陆军大臣阿

---

① 负责国际新闻的部门。——译者注

南惟几、参谋总长梅津美治郎等人认为他们正在讨论是否要将战争进行到底这一根本问题。

海军大臣米内光政首先打破了沉默，说："沉默是无济于事的，不是吗？大家应该坦率地发表各自的意见。如果要接受《波茨坦公告》，我认为必须要讨论是否应该无条件地接受它，还是应该提出我们所期望的条件。"

米内发言后，会议的议题在不经意间转向了"如果接受《波茨坦公告》，应提出什么附加条件"的问题。可是，会议在此过程中陷入了僵局。

米内海军大臣和东乡外务大臣提出：可以接受《波茨坦公告》，但必须保证天皇在国家法律上的地位不变。阿南陆相、梅津参谋总长和军令部总长副武则为了捍卫天皇制，主张除上述条件外，占领的范围要小，兵力要少，时间要短；由日本人自行解除武装；由日本人自行处置战犯。铃木首相的主张与海军大臣、外务大臣的比较接近。

以上四项条件是为捍卫国体而提出的最低要求。如果连这些要求都没有，而只是一味无条件屈服的话，对天皇，对国家，都是极不负责的。阿南陆相接着说：

"身为人臣，通过将陛下交给敌人，进而捍卫国体，我是无论如何都做不出来这种事的……苏联毫无信义，美国毫无人性。我坚决反对在没有任何保障的前提下将皇室交给这等国家。"

外相质问，若因提出"接受《波茨坦公告》，但必须保证天皇在国家法律上的地位不变"以外的条件而导致谈判破裂，那该如何是好？陆相认为唯有进行最后的决战。至于有获胜的信心吗，不敢断言一定能取得胜利，但也未必一定会失败。双方各执己见，互不相让。

众说纷纭，会议陷入僵局。然而声调却平静而消沉，无人高谈阔论。一切都在黯淡的气氛中进行着。就在此时，在长崎，第二枚原子弹被投掷了。

第二枚原子弹投下的消息传来，大家忧心忡忡，神色黯然。尽管如此，最高战争指导会议比预定时间还是延长了一个小时，最终还是没有结果。由于接下来预定召开内阁会议，所以最高战争指导会议在下午1点之后就休会了。当天前后召开了两次内阁会议。第一次是从下午2点30分开始，持续了3个小时。第二次是晚饭后从下午6点一直开到晚上10点。会上内阁们对于是否应该接受《波茨坦公告》，也未能达成一致意见。

但是，至少在日本，大家已几乎没有再战之力了。在这一点上，大家达成了共识。阿南陆相愤然说："我十分清楚目前的局势，但我当下的决心是面对现实，坚持战斗。"

在大家对争论已经感到厌烦之际，文部大臣太田耕造好像突然想到了什么，对首相说："鉴于对苏谈判失败的责任和目前内阁中的分歧，内阁应该集体辞职。首相，您觉得呢？"

文相的发言至关重要。事实上，谋求苏联出面斡旋，以促成和谈成功的方案是上奏过天皇的。但因判断失误，最终彻底失败，仅此一点，内阁理应集体辞职。

铃木首相睁开了闭上的双眼，漫不经心地说："我已下定决心要在我的内阁任上解决眼下面临的重大问题，所以没有集体辞职的打算。"

几位内阁成员此时都注视着阿南陆相。如果陆相赞同文相的提案，就能逼迫全体内阁辞职。然而，陆相却像没听到一样，依旧挺腰端坐、纹丝不动。

陆军内部对阿南陆相不时地施加压力，而且势头越来越猛。参谋次长河边虎四郎中将还私下向应邀参加内阁会议的陆相提交了一份军事政变计划，内容为向全国发布戒严令，推翻内阁，建立军人政权。

然而，阿南不为所动。他继续用冷静但铿锵有力的语气劝说其他内阁成员，要想结束战争，就必须让同盟国先答应这四个先决条件。如果对敌人唯命是从，连国体能否继续存在下去都不知道，就无条件地投降，那样做既不负责任，也是灾难性的。手脚都被拧下来了，还怎么捍卫国体呢？

"若以这样的方式结束战争，大和民族在精神上与死何异？"陈述完自己的主张后，陆相便坐在那里，岿然不动了。

第二次内阁会议没完没了地持续了4个小时。晚上10点，铃木首相决定，稍事休息后还要再召开一次最高战争指导会议，为了谋求政治战略上的意见统一，将再次召开内阁会议。首相心想，让这次最高战争指导会议成为御前会议，将一切交由天皇圣断。

在御前召开最高战争指导会议的通知，引发了大本营更为严重的担忧："为什么要召开御前会议？得出结论又能怎么样呢？"

迫水书记官长的耳朵被电话另一边愤怒的声音震得嗡嗡直响："没有结论。只是将向陛下禀报一下讨论无果。"

"愚蠢至极！……既然如此，有陆海两总长的花押吗？"

法律规定，召开御前会议需要有首相、参谋总长和军令部总长的

"花押"。当天上午，迫水书记官长已经拿到了他们的花押。

"在紧急情况下，到处追着两位总长画花押，实属不易。而且眼下情况十万火急，请在文件上签字吧。当然，召开会议的时候，我们会遵守相关的程序，事先取得两位的同意。"

听书记官长这么一说，两总长也没多想，就画了花押，却并不知道这是一个蓄谋已久的计谋。

于是，召开御前会议所需的正式手续齐全了。

8月9日晚上11点50分，以是否接受《波茨坦公告》为议题的御前会议在御文库附属的地下防空洞里召开。除了6位最高战争指导会议成员以外，枢密院议长平沼骐一郎，陆、海军的军务局长和书记官长也陪同出席了会议。虽然那间只有15坪①的狭小房屋有通风设备，但仍闷热难当，令人窒息。可是没人在乎这些，只是擦拭额头渗出汗水所用的白色手绢会不时地跃入人们的眼帘。

在天皇面前，没有剧本的辩论仍在继续。虽然大家都轻声细语，但极其认真地争论着是提出一个条件还是四个条件。争论的结果是三比三：东乡外相、米内海相、枢密院议长平沼对阿南陆相、梅津参谋总长、丰田军令部总长。

时间已过10日凌晨2点，会议依旧喋喋不休。如此下去，会议有可能无果而终，而且没人认为首相会采取投票表决那样强硬的手段。此时，大家认为首相已经一筹莫展了，于是把注意力自然都集中到了他身上。

---

① 坪：日本土地面积的计量单位。1坪约等于3.3平方米。——译者注

此时，只见首相慢慢地站了起来。

"争论已达两个小时之久，遗憾的是，结果为三比三，无法得出结论。然而，事态紧急，刻不容缓。事已至此，眼下虽然时不寻常，亦不胜惶恐，但还是希望陛下做出圣断，以圣意作为本次会议的结论。"

刹那间，会场上立刻响起了一片急促而嘈杂的声音。陆海军首脑们仿佛挨了一记闷棍。

应首相的请求，天皇向前探了探身子，平静地开口说："我同意外务大臣的意见。"

刹那间，整个会场陷入了死寂般的沉默。天皇继续用发自肺腑的声音说："我的任务是把日本这个从祖先那里继承下来的国家传给后代。事到如今，只有让更多的国民存活下来，哪怕多一个人也好，希望他们将来能东山再起。除此之外，别无他路。

"当然，解除忠勇将士的武装，把直到昨天都还在忠于职守的人推上战犯席位，接受惩罚，我是于心不忍的，但是今天我们必须忍难忍之事。想起三国干涉还辽①时明治天皇无奈的心情，我含泪赞同外相的提案。"

日本决定投降了。

此时已是8月10日凌晨2点30多分。当晚明月高悬，皇宫庭院里的那棵老松树的影子倒映在地面上，每一根针叶似乎都清晰可见。远处

---

① 《马关条约》签订以后，1895年，沙俄联合德国、法国要求日本放弃辽东半岛，日本无力与三国抗衡，最后以清政府支付3000万白银"赎回"辽东半岛，这是列强赤裸裸争夺在华利益的事件。——译者注

传来公鸡报晓的声音。那晚空袭全无。

首相走出地道，来到正门门廊之际，走楼梯上来的陆军军务局长吉积正雄中将从后面赶上来，不客气地挡住了首相的去路："首相，当初的承诺可不是这样的哦。今天的决定合适吗？"

吉积中将上前逼问，好像故意要冒犯首相似的。然而，首相和颜悦色，一副笑眯眯的样子，不做任何回答。忽然，身板结实的阿南陆相挤了进来，用身体挡住了蠢蠢欲动的吉积，拍了拍他的肩膀说："吉积，算了吧。"

军务局长的极度愤慨也是有道理的。早在召开御前会议前，他就让迫水书记官长表过态：开会一事要事先征得大家的同意，而且当日不做决定。可是首相竟亲自厚着脸皮演了一出令人惶恐的"仰仗圣断"之戏。这样做可以说是愚弄了陆军。

御前会议之后，随即又召开了内阁会议。虽然相关细节的争论仍在继续，但内阁会议还是通过了御前会议的决定，而且只字未改。会上，阿南陆相问铃木首相："在无法确认敌人是否明确承认天皇大权的时候，还要继续战争吗？""当然。"首相答道。陆相也问了米内海相同样的问题，海相也同意继续战争。阿南陆相也毫不犹豫地画了花押。由于过分操劳，东乡外相的头发都白了。快凌晨4点的时候，全体内阁在必要的文件上画了花押，内阁会议便散了。

陆军出身的国务大臣安井藤治和阿南陆相是陆军士官学校同年入学的同学，能够理解陆相的立场和心情。在无旁人之际，安井坦诚地问道："阿南，真是难为你了，陆军大臣中没人比你更操劳了。"

"可是安井，任内辞职我是不会干的。我想能拯救国家存亡的也只有铃木内阁了。所以我要与铃木首相共进退，坚持到最后的最后。"阿南陆相坚定地说。

"天皇还有一个叫秩父宫的弟弟"

8月10日上午7点，在大家相继起床的时候，一份电报送到了中立国瑞士和瑞典的日本公使手中。这是一份接受《波茨坦公告》的电报，文中附带了一条，其内容是"但应取得如下谅解，即上述宣言并不包含变更天皇统治国家大权的要求"。瑞士公使加濑俊一负责通知美国和中国，瑞典公使冈本季正负责通知苏联和英国。

陆军中央听说下了圣断，惊愕万分。虽不是措手不及，但最担心的事情还是成了现实，幕僚们暴跳如雷。上午9点，阿南陆相满脸悲壮，召集陆军省各课的高级干部，号令大家严整军纪，保持冷静和团结："事已至此，只有按照天皇的旨意行事了。是战是和，任凭敌方的答复。"

此时，一位课员问道："大臣您说过，无论进退都要'跟随阿南'。难不成，大臣您也在考虑后退了？"

刹那间，一股寒气穿过地下室。"战斗到底"的大方针都去哪了啊？

阿南陆相提高了嗓门说："有谁不服，先把我阿南给斩了！"

虽然陆军大臣试图干预，但随着时间的流逝，陆军内部主战派的图谋越发明显了。无论是公开还是私下，他们都在违抗国家的决定。形势变得越发险恶。

下午1点召开了重臣会议。几乎所有的重臣都赞同政府的方针，认为只要能确保天皇制继续存在，他们就会接受《波茨坦公告》。但是，陆军出身的前首相小矶国昭和东条英机却表示反对，认为此举不妥。小矶愤怒地说："今天的集会不能称之为会议，是已经下决定之后再通知我们。这究竟是谁的主意？"

首相佯装不知，一副若无其事的样子。于是，视线转移到了东乡外相的身上，他不得已地回答道："是陛下的意思。"

"那我就无话可说了。"

小矶那令人失望的发言话音未落，东条便大声地说：

"下官与小矶大将意见相同。"

由此，日本帝国踏上了投降之路。同盟通信社在晚上7点（华盛顿时间凌晨5点），用短波播报了日本接受《波茨坦公告》的消息。很快，收到消息的美国联合通讯社马上将此消息作为同盟通信社的报道向全世界传播。早上7点多（华盛顿时间），杜鲁门总统便拿到了同盟通信社的报道。恰巧此时油漆工正在白宫进行装修，很多闻讯的群众纷纷聚集到这个粉刷了一半的建筑物周围。

群众一个劲地齐声叫喊着："我们要见哈里，我们要见哈里。"哈里是杜鲁门总统的名字。

上午9点，杜鲁门召开了紧急会议，审议如何回复日方一事。陆军部长史汀生（Henry Lewis Stimson）、国务卿伯恩斯（James Francis Byrnes）、海军部长福雷斯特尔（James Vincent Forrestal）和总统参谋长莱希（William Daniel Leahy）等4人参加了会议。

史汀生是位日本通，他比国务次卿格鲁（Joseph C. Grew）还要了解日本。有时，他会陷入难以名状的感动中，觉得"日本深陷如此窘境，却依然在寻求保全天皇制"。为了避免在登陆日本本土的作战中再次发生硫磺岛和冲绳那样的流血事件，史汀生主张接受日本的要求。莱希也表示赞同。

"与拖长战事相比，保全天皇制是个小问题。答应他们就是了。"史汀生劝说。海军部长福雷斯特尔基本同意该意见。

但是，国务卿伯恩斯的态度很强硬："日本所提的要求并非是无条件的。在这之前，我方已经多次声明过必须无条件投降。为什么要对日本让步呢？"

接着，伯恩斯请求杜鲁门总统给他一个小时来完成对日答复方案，总统同意了。

方案由国务院远东局负责撰写，在正午以前起草完毕。其大致内容是：对日本所提的要求不给予任何形式的明确答复，既不否定天皇制，也不做明确的保证，并重申《波茨坦公告》是不会做任何更改的。下午，杜鲁门总统再次召集陆军部长史汀生、国务卿伯恩斯、海军部长福雷斯特尔和总统参谋长莱希等人，通过了该方案。

关于天皇制，福雷斯特尔认为，用一种更明确的措辞来规定或许更好。在离开的时候，为了试探其真正的用意，福雷斯特尔拉住伯恩斯。国务卿胸中自有想法，他意味深长地笑了一下，低声说：

"天皇还有一个叫秩父宫的弟弟。无论谁当天皇，只要天皇制能保留下来就好。"①

---

① 根据《福雷斯特尔日记》。

为了得到同盟国的认可,这个答复方案被分别送往伦敦、莫斯科和重庆。重庆方面立刻表示同意,伦敦方面经过慎重讨论之后,也同意了该方案。

莫斯科的态度强硬,表示要推迟到第二天才能给予答复。但美国驻苏大使哈里曼(William Averell Harriman)拼命催促,说此事紧急,必须连夜将答复送往华盛顿。不久,苏联的答复来了。在答复里,苏联政府同意了答复方案,但提出了一个条件,即在对日占领之际,须由美苏双方各自派出一位最高司令官,由上述两位司令官来进行对日占领。苏联表明了希望尽快和占领德国一样,战后想要分割日本的意图。哈里曼拒绝道:"对此,我们完全不能接受。"

像这样针锋相对的交涉,还进行过好几次,最终,苏联政府妥协了,无条件同意了伯恩斯的对日答复方案。此时,莫斯科时间已是凌晨2点。等到华盛顿将所有同盟国的答复都收齐,已是8月11日了。

在8月9日到15日这一周,震撼日本的大事层出不穷。而对不知道上述内情的日本人来说,8月11日这一天是犹如中场休息、没有特殊记忆的空白的一天。一整天,日本全国各地都没有发布空袭警报。一心等待同盟国答复的铃木首相在读书和冥想中度过了上午,在下午与书记官长、亲信等人商讨了一些细致的问题,一天就这样过去了。

"隶属于盟军最高司令官"

8月12日,星期天,深夜12点30分,迫水书记官长从同盟通信社外信部长那里得知,旧金山广播台开始播放对日答复了。"还不清楚全文的内容。不过，好像并不令人满意。"迫水的心情沮丧了下来。

陆军中央也在收听旧金山广播，为了不重蹈覆辙，这次准备亲自翻译。

虽然对同盟国的答复并不满意，外务省干部还是制定了在能够捍卫国体的基础上接受《波茨坦公告》的方针。通阅答复全文之后，里面没有给出维护天皇制明确的承诺。但是，"日本政府的最终形式……应该由日本国民自由表达的意志来决定……"这句话可以理解为天皇制得到了一半的保证。

大本营最先采取了行动。上午8点过后，梅津参谋总长和丰田军令部总长就进宫上奏天皇，表明军队坚决反对接受答复文书的态度。军队将答复文书中的"subject to"直译为"隶属"一词。这样一来，那句话的译义就成了"天皇和日本政府统治国家的权限……隶属于盟军最高司令官"。两位总长极力劝说："如果接受此等文书，则明显冒渎了作为国体根基的天皇的尊严，还将招致我国国体破灭以及皇国覆灭。"从一开始，外务省干部就知道"反正军人只会通过译文来作出判断"。于是经反复推敲，拿出了一份绝佳的译文，即将"subject to"译为"置于……的限制之下"。可是，这次陆军没有落入"圈套"。他们的态度变得强硬起来，认定仅凭那个内部翻译文本中的"隶属"一词，就不可能捍卫国体。有十几位少壮军官闯入了陆军大臣的房间，个个血气方刚、精神亢奋。陆相的内弟竹下正彦中佐代表大家，咄咄逼人地对阿南陆相说："应该设法阻止接受《波茨坦公告》。如果办不到的话，大臣就应该剖腹自杀。"阿南陆相紧闭双唇，一言不发。

东乡外相去见铃木首相，核实了首相也同意接受答复文书的意向。上午10点30分刚过，外相进宫觐见天皇。虽然时间上比军队晚了两个小时。但此时天皇的决心已定："争论一起，便会无休无止。虽然不是我的本意，但战争已经不可能再继续下去了，难道不是吗？我已别无他求，尽可即刻办理所需的外交手续。另外，请将我的意愿充分地传达给铃木首相。"

下午3点，在宫中和首相官邸分别召开了皇族会议和内阁会议。

在御文库的防空洞里，与会的13名各宫宫主，面朝弧形的长桌，围着天皇，按照皇室的级别依次坐下，从左边开始分别是高松宫、三笠宫、闲院宫、贺阳宫……最后是竹田宫、李王垠、李键公。大家与天皇都已许久未见了。

对捍卫国体一事，久迩宫流露出极大的担心。闲院宫也有些顾虑地说："既然陛下圣心已定，我也没有意见了，只是由衷地担心祖国的存立能否维系。"

除了这两位，其余的人都表示无条件赞成接受伯恩斯的答复。李王垠和李键公对此仅仅说了句"遵命"，这给其他皇族留下了深刻的印象。会议结束后，冰镇红茶和西式点心端了上来，大家围绕在天皇周围，各自聊了些近况和见闻，天皇也露出了久违的微笑。

与充满祥和氛围的皇族会议不同，内阁会议被一种沉重的气氛笼罩着。东乡外相提议立即接受，阿南陆相表示全面反对，另外还有人提议再进行一次照会以确认国体能否得以捍卫。东乡外相激动地说："岂有此理！如果再进行一次照会的话，等于一切都要重新开始。"

阿南陆相声色俱厉地断言："如果就这样接受了伯恩斯的答复，日本必将亡国，捍卫国体也终将化为泡影。"

内阁会议出现了择日再进行一次照会的倾向。东乡外相终于忍无可忍地说："我们在为旧金山广播中传出的一个非正式的答复而议论纷纷，简直太荒谬了。首相，我提议，在收到正式答复之前，先休会。"

大家都松了一口气。这种不负责的讨论越多，他们就越焦虑。因为这期间有可能提出一些违背自己本心和真意的主张，大家为此深感不安。

但是，日本帝国已被逼得走投无路，没有多余的时间"休息"了。苏军正在持续进攻桦太岛（即库页岛）和中国东北，关东军总司令部也迁至通化。对"也许接受《波茨坦公告》"的电报，驻外军队群情激昂。他们接连给大本营发送电报，表示要将战斗坚持到底。陆军中央战斗派的幕僚们正在精心策划军事政变。即使最终没有必要发动政变，也应该颁布戒严令，以应付多变的局势，这个意见得到了大多数人的支持。

"阿南已经时日不多了"

13日上午，天刚亮。一大早响起的防空警报声打破了东京上空的宁静。

在警报声中，阿南陆相仍像一只勇猛的老虎，没有屈服。陆相请求谒见天皇。同时，位于广岛的第二总军司令部的司令官畑俊六元帅也受到天皇的召见。当天皇在听取畑俊六元帅报告的时候，陆相亲自对天皇表达了自己担心能否继续保持天皇地位一事。

但是，天皇明确表示："阿南呀，不必多说了。你为我担心，我很高兴，不过我有确凿的证据。"

不知为什么，从侍从武官那时开始，天皇就一直叫他阿南。

陆相的斗志有些消沉。如果继续坚持反对意见的话，岂不就是大逆不道了吗？正是出于捍卫国体和对天皇地位的忧虑，才会感到如此的困惑和苦恼。但是，天皇所说的有确凿证据，又指的是什么呢？

置天皇的决心于不顾，上午9点召开的最高战争指导会议又接二连三地陷入混乱，是静候回答，接受投降，寻求和平呢，还是死里求生，决一死战，为求和尽可能地获取一些有利条件呢？面对再次通过外交渠道送来的正式答复，六个男人以最后的斗志反复进行着争论。

陆相、参谋总长、军令部总长三人主张针对答复，再进行一次照会。他们认为天皇的神圣地位不是谈判的内容，天皇的地位必须得到切实的保证。而且，应该自主解除武装。

东乡外相猛烈地反驳道，再进行一次照会就意味着谈判破裂。他声称："陛下皇位不变这一点已得到了保证，现在应该更多地考虑好的一面。"

米内海相一副很着急的样子，罕有地大声议论道："不是已经决定了吗？现在又老调重弹，这是违抗圣意啊。"

梅津参谋总长神色严峻地说："我们不是在违抗圣意。我们是在讨论必须要搞清楚的问题。"

铃木首相一直在默默地倾听大家争论，此刻，他重新坐好，插了一句："在我看来，军部显然是想通过无休止地争论回复文书中词语的解释，借此来推翻政府在外交方面好不容易取得的寻求和平的努力。为什么不能按外务省专家所给出的解释来理解答复文书呢？"

外相脸上愁眉顿展，陆相则显得有些萎靡不振，在场的每个人都看得很清楚。

会议持续了5个小时，包括午饭休息时间在内，结果仍是三比三。由于没有任何可以打破僵局的迹象，铃木首相最终宣布散会。

满面笑容的少壮幕僚们列队迎接了回到陆军省的阿南陆相。他们终于想出了一个成熟的方案。为了说明该计划的要旨，他们首先造访了陆军次官若松只一中将。若松次官默默地听着，但好像并不同意这个方案。他们随后又前往陆军大臣的房间，恰好此时，阿南陆相又应邀去参加内阁会议。尽管陆相已经插好佩刀即将出门，少壮幕僚们仍请求给他们一点时间，说明实行计划的必要性。在房间里，除若松次官外，人事局额田坦中将、战备课长佐藤裕雄大佐也在场。

佐藤课长打断了正精神抖擞、侃侃而谈的少壮幕僚们："鉴于现状，我不同意实施这样的计划。"

此时，房间里的一位少壮幕僚，军务课员畑中健二少佐铁青着脸，指着战备课长说："军内出现了叛徒，要马上对这些人进行人事处理。"

屋内充斥着异常的紧张气氛，此时，阿南陆相以训诫的口吻平静地说："时值非常之际，彼此持久的信任是最重要的。"

说完，陆相准备起身。此时，少壮幕僚的一位代表说："陆军部的军官们全部紧随大人您。无论是对是错，都会有条不紊地采取行动。这一点请您尽管放心。"

在面临重大抉择之际，大家都激动得面色通红。

下午3点，内阁会议再次举行。从早上开始，会议就无休无止地进行了。老首相精神饱满，没有露出丝毫倦意。不出所料，会议争论不休，漫无边际。会上，陆相继续提出附加条件："自主解除武装才是实现捍卫国体的最起码的必要条件。在这个时候，提出此项作为条件，一点也不奇怪。如果无条件接受答复投降的话，就别想捍卫天皇制了。那样还不如下定死里求生的决心，继续战斗。"

大概多数内阁都已不打算正视陆相那张不断提出抗议的悲伤的脸了。

经过长时间的争论，内阁们都已精疲力竭，会场陷入了沉默。此时，首相却站了起来，一反常态地用一种铿锵有力的声音表达起了自己的意见："我认为，对方的答复中有些令人难以接受的条件。我曾下决心要背水一战，但当我再三阅读那份答复文书之后，我觉得美国并无恶意。两国国情各异，思维方式也不同，天皇的立场，实质上是改变不了的。所以我认为，不应该死抠字眼。此时，就算提出修改词句，对方也不会理解。"

首相谆谆教诲道："问题是，国体能否得以捍卫？当然我也知道危险，可不这样的话，难道要将战争一直打下去吗？恕我冒昧直言，好像要求和平停战的圣意已决。如果照这样继续打下去，即便是决一死战，在原子弹已经出现的今天，也恐怕为时已晚，那样的话国体也绝对捍卫不下去了。虽然不是一点希望都没有，也许还可以死里求生，但考虑到捍卫国体这一点，我必须说此举太冒险了。"

阿南陆相神色严峻地抬起头，挺起胸膛，接着首相的话说："我们必须要体会陛下体恤万民的宽仁之心。为臣的理应尽忠报国，战斗到底的想法也是可以理解的。可如果满足的仅仅是自我的意愿，那日本这个国家真的是岌岌可危。陛下也是在此危机之下作出的圣断，我相信我等唯有顺从圣意，为国效力才是唯一的出路。"

这段长长的发言蕴含了自8月6日以来，铃木贯太郎身为首相所衡量和思考的一切，是首相不带任何政治色彩的真情告白。

"所以，有鉴于此，我打算将今天会议的情况如实上奏，明天下午再恭请陛下圣断。"

内阁会议得出了如上的结论。此时，时间已过6点30分了。

此时，阿南陆相思绪万千，他知道政变的计划已经在秘密策划中，政变一触即发。他把摊开在巨大椭圆形桌子上的文件收好，交给副官。然后毫不犹豫地朝首相办公室走了过去。

阿南陆相受到铃木首相热情的迎接，问道："首相，能否请您等两天再召开御前会议？"

首相对恭敬有礼、心平气和的陆相颇有好感，但他还是断然拒绝了陆相的要求："眼下时机正好，此次良机不容错失，请原谅。"

阿南陆相欲言又止，很有礼貌地敬了个礼，说声打扰了，就走出了房间。在场的军医小林尧太大尉对首相说："首相，能等的话，不妨等他一下，如何？"

铃木首相答道："小林啊，等不得。一旦错过今天，苏联不仅要进攻中国东北、朝鲜、桦太岛，恐怕还要打到北海道来。日本将像德国一样被瓜分。那样的话，日本的根基就会被彻底摧毁。现在对手还是美国，我们必须趁此之机，做好善后工作。"

小林军医说："阿南已经时日不多了。"

"嗯，确实很可怜。"铃木首相低头说。

阿南回到陆相官邸，等待他的是刚才无奈瞥过一眼的兵力动员计划[①]。这其实是一份政变计划：

（一）动用兵力：东部军及近卫师团。

（二）行动方针：阻断皇宫和主和派要人的联系，调兵将木户、铃木、东乡、米内等主和派要人一一隔离，随后实施戒严。

（三）目的：在我方提出的捍卫国体的条件得以确保之前，绝不投降，继续交涉。

（四）方法：以陆军大臣执行警卫时所拥有的局部地区应急出兵权，发动政变。

不过，上面还写着："上述计划以大臣、总长、东部军司令官、近卫师团长等四位将军意见达成一致为先决条件。"

该来的终于来了，陆相将计划反复看了几遍，这样想着。

"这就是你们深思熟虑后做出的结论吗？从根本上来说，计划含糊不清啊。"陆相既没有说支持，也没有说不支持。

列入政变计划的名单有：军事课长荒尾兴功大佐、同课课员稻叶正夫中佐、同课课员井田正孝中佐、军务课员竹下正彦中佐、同课课员椎崎二郎中佐、同课课员畑中健二少佐六人，全都是阿南陆相的心腹。六人之中，畑中和椎崎二人是最为血气方刚的青年军

---

① 根据《稻叶正夫日记》。

官。荒尾大佐是这一伙人的首领，负责与陆相联络。他在政变计划的实施方案里追加了"要四名将军达成一致意见"这一条，以防政变突然爆发。

以军事课长荒尾兴功大佐为首的这几个人对着陆相拼死呼吁，极力解释着。他们具体的方案是：先闯入明天（14日）上午10点将要召开的内阁会议，监禁主和派要人，再逼迫天皇改变圣意。他们已经做好准备，即便是背负"大逆不道"的污名也在所不辞。之所以要这样做，是因为必须要保护万世一系的天皇君主制，那才是日本的国体。在他们看来，与身为天皇的裕仁相比，国体更为重要。

他们决心要在14日上午实施该计划，丝毫没有放弃之意。争论进行了两个小时，依然没有结果。阿南陆相以极大的耐心，反复告诫自己的心腹，不能违背圣意。最后，陆相说，今夜12点，他将在陆军省向荒尾军事课长表明态度，对此表示同意的青年军官们这才三三两两地消失在陆相官邸外的夜色中。

午夜12点，阿南陆相来到了位于市谷台的陆军省。他说服了在那里等待的荒尾大佐，表示要等到14日清晨，自己与梅津参谋总长举行会谈后才能明确是否实施该计划。此时，陆相突然深情地对自己信赖的荒尾说："如果诉诸政变，得不到国民的支持。本土决战就会变得极为困难了。"

"事已至此，唯有一举结束战争"

8月14日零晨5点，铃木首相一如往常地在此时醒来。沐浴在窗外耀眼的晨曦中，他认真地思考着。虽然在昨天的内阁会议上，他已经决定要"再次请求圣断"，但此时他陷入了沉思，因为对究竟该如何召开御前会议毫无头绪。这次，陆、海军的两位统帅部长坚决反对在没有发出任何事先通知的情况下召开御前会议。不难预见，他们会拒绝按照正常程序在奏请文件上签名和画花押。

"这可不是随便按下按钮就能发射水雷那么简单的事啊。"

看到老首相一个人在那嘀咕，首相夫人面露疑色，怨怒之情跃上眉梢。首相看到本就满脸皱纹的夫人的脸变得皱褶密布，脸上也露出了一丝尴尬。

紧接着，获悉陆军正在策划政变的迫水书记官长慌慌张张地冲入首相私邸，一看到首相就说：

"内阁会议将于10点召开，形势刻不容缓，然而再讨论下去也无济于事了。首相，事到如今，只有当机立断了。"

"嗯……哪……"态度暧昧是首相的一贯作风。

书记官长不容分辩地说："奏请陛下再做一次圣断……"

话音刚落，首相立即大声附和道："好的。"他顾不上看大吃一惊的迫水，便继续说："可以采取天皇召见的办法召开御前会议。这是最后且最好的一招了。"①

首相对夫人说了句："我马上进宫。"随即"噜"地站了起来。

---

① 在此之前，昭和二十年（1945）6月22日曾召开过由天皇召见的最高战争指导会议。因为会议没有正式的规范，大家便以天皇为中心，围坐在摆成U字形的椅子上。这不像是御前会议，更像一次恳谈会。这个做法是铃木首相想出来的，为了避免与宪法规定的责任内阁制相抵触。

14日早上7点，阿南陆相、梅津参谋总长相继来到办公室。按照昨夜的约定，阿南陆相与荒尾军事课长一起与梅津参谋总长见了面，就兵力总动员计划征求了他的意见。尽管梅津参谋总长当时因神经紧张和优柔寡断而备受批评，但他反对该计划，告诫他们切勿轻举妄动。陆相对此明确表示同意。只要陆相和参谋总长都反对，那就没什么可说的了。"〇七〇〇（上午7点）大臣与总长会谈，〇七三〇（上午7点30分）大臣与东部军司令官和近卫师团长会谈，〇八〇〇（上午8点）高级课员以上集合，一〇〇〇（上午10点）发动政变"的计划瞬间化为泡影。

天皇并未意识到，自己差一点就深陷危机。8点40分，他接见了铃木首相和木户内大臣。当听到"召开由天皇召见的御前会议"的上奏时，天皇毫不犹豫地同意了。自昭和十六年（1941）12月1日召开决定开战的御前会议之后，就再也没有开过由最高战争指导会议成员和全体内阁成员共同参加的类似会议了。现如今，又将召开这样的会议，并且不是事先正式安排的，而是由天皇召见的临时的……

策划举行联席会议的也是首相。

"事已至此，快快决定，一举结束战争吧！"

"是的。"木户附和道，"我和您，还有另外两三位，即便是豁出性命也在所不惜的。"

计划马上就开始执行了。"穿便服也无妨。上午10点30分之前到吹上御苑集合。"在天皇的召见下，为参加内阁会议而聚集在首相官邸的全体内阁自不必说，就连梅津与丰田两总长、平沼骐一郎枢密院议长、迫水书记官长、池田纯久综合计划局长官、吉积正雄与保科善四郎两位陆、海军军务局长也受到邀请，与会人员共计23人，大家穿着便服就匆匆忙忙地进宫了。

在此之前，上午10点，天皇把杉山元、畑俊六、永野修身三位元帅叫到跟前，征求了他们的意见。永野声称，现在军队战力尚存，士气很旺盛，应坚决击退登陆的美军，将战斗坚持到底，对此，杉山也表示同意。畑元帅答道："即便接受《波茨坦公告》，也要努力争取将十师团作为卫队保留下来。"天皇听完大家的意见后，明确地下达了大元帅令：结束战争，军队必须服从该决定。

少壮派幕僚们万万没有想到会召开由天皇召见的御前会议，他们正忙着制定下一个方案，以代替已经化为泡影的兵力动员计划。即使是速成方案，也必须要付诸实施。然而，梅津参谋总长改变想法了——一个不知从哪里来的消息传到正在拟定《兵力部署第二方案》①的竹下、畑中两位军务课员的耳朵里。竹下中佐听到消息后，高兴得跳了起来，他手握《兵力部署第二方案》，冲入首相官邸。既然参谋总长终战的决心已变，如果再能得到陆相的同意，不就有可能

---

① 《兵力部署第二方案》的要点如下：一、近卫师团在皇宫的周边采取警戒措施，切断皇宫与外界的通信和往来。二、东部军在都城内各要点部署兵力，保护要人，控制电台等。三、即使圣断已下，也要坚持上述姿态，等待陛下改变圣意。四、为了实现上述计划，必须以大臣、总长、东部军司令官、近卫师团长主动取得共识为前提。在竹下中佐记录的《大本营机密战争日志》中还做了如下的记载："我在此时提出《兵力部署第二方案》，希望在诏书颁布之前断然实行。对此，大臣好像深为所动，说要在内阁会议召开之前回陆军省与次官、总长商量之后再做决定。在此之前，总长说与以前的方案相比，同意早上的方案。对此大臣说：'是吗？真的吗？'可以看出大臣对《兵力部署第二方案》是动心了。"然而，人们普遍认为这是竹下中佐一厢情愿的判断。

实施兵力部署方案了吗？但是在首相官邸，竹下中佐却得知陆相所参加的不是内阁会议，而是在宫中召开御前会议。不仅陆相，参谋总长也正在出席该会议。这究竟是怎么回事？万事休矣。中佐情不自禁地这样想。

10点50分，御前会议正式召开。参会者面向天皇，横坐成两排。一切全都按照天皇召见的形式来进行。会议一开始，铃木首相就向天皇详细叙述了13日最高战争指导会议的情况，并指出会议最后因分歧严重无法达成共识而告终，拜请天皇在听取反对意见之后，再下圣断。

铃木首相刚落座，梅津、丰田、阿南就相继站了起来。"如果就这样无条件地接受《波茨坦公告》的话，几乎不可能捍卫国体。因此，务必向敌方再进行一次照会；如果不答应，就决一死战，死里求生。"禀告者声泪俱下地说。

屋内陷入了一阵令人窒息的沉默。

不久，天皇静静地站了起来……

14日正午至下午1点

阿南陆相："先从我尸体上跨过去！"

8月14日正午，历史在血泪中翻开了新的一页。中日开战①以来到这一天为止，陆海军分别阵亡1482000人和458000人，平民共计死亡100万人，数以百万计的房屋被毁。旧的历史将以"日本帝国的覆灭"而告终。虽然从一开始，日本就在人力、机械、军备、资源等方面处于不利形势，但在顽强不屈的"必胜"斗志的鼓动下，战争一直持续至今。这不是哪一个人的决心的问题，而是"全体国民意志"的体现。眼下，这个意志被聚集在皇宫地下防空洞中的24个男人否定了，一个新的国家意志将取而代之。44岁的天皇手持白色的手绢②擦拭着

---

① 指的是以"七七事变"为契机，日本发动的全面侵华战争。——译者注

② 多份记录显示天皇用"白色的手套"擦拭面颊，这些记录也许都是依据下村宏先生的手记而来的。然而，根据那些担任过侍从的人的其他证词，天皇从未戴着手套出席过这种场合。很可能是下村先生把白手绢误认为是手套了。

面颊。

怎么回事？难道天皇失去了最高统帅的威严和自制力了吗？不，天皇仍然冷静而迟缓地继续说着："那些朕视为股肱的军人被缴了武器，那些对朕忠心耿耿的人们可能会被当作战犯处以刑罚……一想到这些，我就悲不自胜。"在此期间，只见他频繁地拿出白手绢擦拭两颊。

包括铃木首相在内的与会内阁们都无法接受眼前这个沉浸在悲恸之中的天皇的形象。他们低垂着头，抽泣着，不时地摘下眼镜，擦拭眼泪。天皇讲话时那种断断续续的语气令在场憔悴不堪的人们十分感动。

"此刻，我将尽我所能。国民现在尚不知情，如果突然听到这个消息，想必会引起骚动。如果由我亲自呼吁国民平静面对的话，那我随时都可以站到麦克风前。尤其是陆海军的官兵们，想必他们一定会大为震撼。陆海军大臣如果认为有必要，本人愿前往任何地方亲自开导他们。"

不用说，接受《波茨坦公告》并不意味"休战"，而是意味着"投降"。这不仅仅是结束一场战争的事，日本的国体、天皇的地位都将受到威胁，被盟军的意愿所左右。现在，就连天皇的性命能否保住都是未知数。当人们对前景不再做任何预测和乐观的想象时，面对的却是"投降"的现实。但是，这是使国民免于更多无谓牺牲的唯一途径。自己已无所谓，但战争非终止不可。看到天皇豁出去的情景，阁僚们感觉身心撕裂般的疼痛，悲痛的气氛很快就变成了恸哭。

有人不顾体面，像孩子一样哀号了起来；有人拼命握紧双拳，强忍眼泪；有人从狭小的椅子上"哧溜"滑了下来，跪在地毯上，最后蜷缩在地板上放声痛哭。屋里那盏离地面10米的小电灯泡照亮了这一切。

天皇的话①戛然而止。阁僚们仍然都低着头，坐着一动不动，就

---

① 在参照了左近司、太田、米内各大臣的手记，并向铃木首相确认过之后，下村对天皇所说的话做了如下最忠实的记录："我也听到了很多反对的言论，但我的想法仍然和我之前所说的一样。在充分考虑了国内形势和世界现状后，我认为战争已无法再继续下去了。关于国体的问题虽然有各种顾虑，但我认为对方的答复文书并无恶意，至关重要的是全体国民的信念和思想准备，所以在这种情况下，我想可以无条件接受对方的答复。我很清楚对陆海军的将士们来说，解除武装和保障占领是难以忍受的。当然，在这种情况下，即使选择了和平手段，也难以完全信赖对方的举措，但是比起日本完全覆灭的结果，哪怕只留下几颗种子，也还有复兴的希望。我一直铭记着明治天皇在三国干涉还辽时痛苦的心情，堪难堪之事，忍难忍之物，期待着将来的光复。从现在起，日本作为一个和平国家，重建是一件困难的事情，而且将花费很长的时间，但我想如果大家齐心协力、团结一致的话，就一定能成功。我也将与国民一起努力。一想到那些迄今为止在战场上丧生的人们，或者在国内死于非命的人们和他们的家人，我就难忍悲叹；一想到那些身负重伤、蒙受战灾、失去家业的人们今后的生活，我担心不已。此刻，我将尽我所能。国民现在尚不知情，如果突然听到这个消息，想必会引起骚动。如果由我亲自呼吁国民平静面对的话，那我随时都可以站到麦克风前。尤其是陆海军的官兵们，想必他们一定会大为震撼。陆海军大臣如果认为有必要，本人愿前往任何地方亲自开导他们。希望内阁尽快准备好《终战诏书》。"另外，梅津参谋总长用铅笔写的便条也保存了下来。据此，天皇发言的要义如下：我的决心没有改变。我是根据国内外形势、国内情况、彼此的国力和军力进行对比，进而做出的判断，这不是轻率的决定。关于国体，我想敌人已经认可了，我没有丝毫的不安。关于敌人的保障占领，虽然也担心，但如果战争再继续下去的话，将来国体和国家都将化为乌有。那样，国家的根基就会荡然无存。如果现在停战的话，还可以留下未来发展的根基。请务必同意我的决定。对陆海军的管控很困难。我愿意亲自在广播上发表谈话。请尽快颁布诏

像被绑在椅子上似的。过了一会儿，天皇命铃木首相将《终战诏书》的草稿呈上。瘦弱的首相站了起来，对一再烦扰天皇做出圣断一事表示歉意，然后深深地鞠了一个90度的躬。受礼之后，天皇站了起来。侍从武官长莲沼蕃悄无声息地打开门，天皇的身影消失于门外。

大事完成后的虚脱感和放声痛哭后的憔悴感让留下来的人都陷入了恍惚。不行，不能一直这样下去，还有很多问题亟待解决，需要大家付出超常的努力和牺牲。而且，即使把这些问题都解决了，他们也不会得到任何荣誉或留下任何功绩。不仅如此，现在没人知道接下来会发生什么，人们都很茫然、不知所措。大家穿过一条长长的地下通道，在御文库门口乘车，到达宫内省。一路上，大家仍然恍恍惚惚、茫然自失，一想起刚才发生的一切，就忍不住伤心地哭泣不止。

在5月25日的大空袭中，明治时期建造的宫殿被飞溅的火星所引燃的大火烧毁了。幸运的是，战争爆发后不久，一座防空防火的钢筋混凝土建筑——御文库就完工了。空袭时，那里也能确保安全，于是天皇就搬去了，日常起居都在那里。此外，战争即将结束之际，近卫第一师团和水户工兵队在御文库旁边的望岳台下建造了一个非常坚固的地堡，最高战争指导委员会经常在此举行会议。出于安全和保密的需要，无论是谁，外来者一律不能直接进入御文库。来者必须先到宫内省，在那里换乘宫内省的汽车后再前往。回程则刚好相反。

侍从户田康英站在御文库前，给搭乘宫内省汽车的人们送行。看到大家黯然神伤的表情，户田不知该说什么才好，只是默默地低着

书，表达我这份心愿。

头。他想现在应该是冷静地做出决断的时候了，是应该勇敢地面对任何人都无法逃避的命运的时候了。此时此刻，时针正好指向正午12点。

在首相官邸，手握《兵力部署第二方案》的竹下中佐正在焦躁不安地等待着阿南陆相的归来。陆军发来通知，竹下中佐得知，原预定在下午召开的御前会议被提前召开了，陆相也已经出席了会议。刹那间，中佐仿佛遭遇了晴天霹雳，脸色大变。如果再下一次圣断的话，计划将全都化为泡影。中佐痛苦地呻吟道："被人骗了，上大当了……"

事到如今，他仍未放弃，准备做最后的努力，说服所有人相信他们的想法是正确的。他身上那股军人气质绝对容不下"投降"和"退缩"。国土被占领，武装被解除，战犯一个接一个地被处刑。在这种情况下，该如何捍卫"国体"呢？就连主张无条件接受《波茨坦公告》的东乡外相和米内海相，在捍卫国体的问题上又有多少把握呢？与其无可奈何地接受过于屈辱的条件，不如"战斗到最后，哪怕只有一个人"。在竹下中佐的心中越发坚定了"重创敌人，再争取哪怕是点滴的有利条件进行'停战'谈判"的信念。正因如此，当他得知宫中御前会议提前召开的消息后，不禁愕然。

如果是经由圣断而得出最终结论，那就没有可能推倒重来。天皇即大元帅的权力是至高无上的，其命令不可违抗。竹下中佐认真地思考着对策，以应对当前的情况。可是时间宝贵，他一边尽可能地控制住自己，一边挣扎着继续思考。如果全体陆军官兵能团结一致，拿出战斗到最后一个人的决心的话，我们一定能死里求生。但是要做到这一点，陆军大臣必须身先士卒。总之，现在已是刻不容缓了。

离开宫内省，阁僚们坐上各自的汽车，先都回了趟首相官邸。他们感到未曾有过的疲倦。情绪稳定下来后，大家才发现肚子有点饿了。回想一下，这几天大家几乎都是这么夜以继日、废寝忘食地熬过来的。

迫水书记官长最后一个抵达首相官邸。他一路连走带跑地冲到位于二楼的自己的办公室，就马上把木原通雄叫了过来。木原也莫名地泪流满面。他苦笑地解释道，眼见回来的大臣们大多眼中含泪，一股难受的感觉瞬间涌上心头。迫水书记官长说出了圣断已定的事实。木原答道："从你的脸上，已经看出来了。"

"嗯，另外陛下说要通过无线电广播晓谕陆海军将士。陛下今天说的话必须写进诏书里去，而我实在太忙，无法抽身……无论如何，请你想办法起草一份针对陆海军官兵的诏书……总之没多少时间了。拜托。"迫水一口气把话说完了。

"《终战诏书》由我来写吧。另外，我还打算请安冈正笃先生出马。"

太忙了，纵有分身之术也忙不过来。迫水和木原都没有时间静下心来感慨战争结束。反倒是眼下四处奔波更能获得解脱。而且，他们从来没有像现在这样，意识到自己在国家命运中发挥着无可替代的作用。

阁僚们聚集到一间房里吃了顿饭，只有鲸鱼肉和黑面包。除了铃木首相，其余几人几乎都没怎么吃，此情此景好似"味同嚼蜡"。只有阿南陆相一个人独坐在稍远的一间房里，他在那里会见了竹下中佐。眼睛微微发红的陆相显得十分平静，不，或许用"镇定"来形容他更为恰当。他面色绝佳，精气十足。陛下再次做出的投降圣断或许意味着整个国家不信任陆军吧。这样一来陆军便陷入了穷途末路，而且这一结局又来得如此之快。大日本帝国陆军已经四面楚歌，其在战争中扮演重要角色的历史使命也已终结。但是，身为股肱之臣的陆相既没有感到幻灭，也没有陷入疯狂，而是依旧坦荡磊落。

竹下中佐站到陆相面前，开始报告。在镇定自若的陆相面前，中佐好不容易抑制住了激动的心情，恢复了平静。他按照计划请求陆相行使陆军大臣所拥有的"维持治安兵力使用权"，最后他说："请在内阁会议上行使该权力。总长也已改变了主意，同意了我们的计划。"

陆相当即答道："圣意已决。别再做无谓挣扎了。军人必须服从圣断。"

没有比这更明确的答复了。陆相丢掉了"死里求生""最后一兵"等所有的幻想。他意志非常坚定，打算主动饮下这杯屈辱的酒，放弃了之前所有的计划。

内阁会议室的桌子上放着一个砚台盒。一看到它，竹下中佐就想到这定是为副署诏书所准备的。此时，中佐心生一计：即使陆相不同意，无法调动兵力，全陆军也还有最后一招——陆相辞职。这是因为投降一事最终并不是由天皇在御前会议上的发言来决定的。依据宪法，御前会议并不是国家的正式机构，仅仅是在天皇面前举行的政府和统帅部的联席会议，会上天皇发表了一下个人意见。如果天皇的个人意见未能得到内阁会议的一致同意，从法理上来说，就不能上升为国家意志。只要内阁中有一人无视圣意，坚决反对，并且以难以形成共识为由提出辞呈的话，内阁就会垮台，一切都将重回原点，终战一事也会化为泡影。竹下中佐想以陆相辞职作为最后的王牌，或者即使不辞职，只要拒绝在《终战诏书》上副署，诏书就不可能公之于世。

"我听说军令部次长大西阁下召集了海军作战部的军官，对他们说：'如果陛下命令终战，那么哪怕我们背负逆贼的污名，也要为了大写的正义，在所不惜地战斗到底。'阁下，此刻请您毅然辞职。"

竹下中佐站在那里，一动不动，露出一副不达目的绝不罢休的誓死姿态。一时间，陆相有点不知所措，但很快微笑着说："就算我辞职了，终战也已成定局。而且我一旦辞了职，就再也见不到天皇了……"

说完，他自己会心地笑了一下。

无论再怎么劝说，此刻，陆相心意已决，已经不为所动了。天皇既已做出最后的圣断，投降便已成定局。军队应服从该决定，政变计划应该作废。陆相以最高指挥官及内兄的身份，劝说自己的部下及亲爱的内弟不要再欺骗自己和他人，一切都过去了。

竹下中佐彻底绝望了，他明白连这最后的一线希望也被夺走了。他知道这位忠心耿耿的老将的决心不会动摇，说什么都无济于事了。在一阵脚步声后，他走出了房间，可是无处可去，一切都完了。

在此期间，阁僚们约好下午1点举行内阁会议后，便回了各自的部门。快到1点，与会的大臣们将御前会议的最终结论传达给了各省厅的主要负责人。尽管陛下在9日已下过圣断，但对于是求和还是作战，大家一直都在犹豫。直到今天，大臣们才说："现在日本各大省厅高层决意已定。"正因如此，东乡外相身为无条件和平派的代表，大大地松了一口气。他把次官松本俊一叫到办公室来，让他记录自己口述的御前会议的情况。东乡外相完全恢复了往日的生机。松本次官看到如此精力充沛、不知疲倦的大臣，内心充满了无限的敬意。

"陛下说了，正如东乡外务大臣所说，对方不会有摧毁日本国体的意图……我对捍卫国体有信心。"

松本次官一边记录大臣的话，一边赞叹天皇坚强的意志和自信。虽然天皇一直鼓励并支持东乡外相无条件接受《波茨坦公告》，可归根到底要问："无条件投降就真的能捍卫国体吗？"老实说，无人敢下此断言。虽然内心十分矛盾，但有一点天皇心里是明白的：如果现在不停止战争，就永远丧失机会了。天皇只相信现在是签署最令人痛苦的文件的时候。在这样的信念支撑下，他顶住了军队的强烈反对，即使是无条件地接受敌人的条件，也坚信国体能得到捍卫。天皇冒着自己王位受威胁的风险，表明了自己结束战争的强烈意愿。

为此，松本次官感动得浑身颤抖。他十分激动，脸涨得通红，在心里大声地喊道："我们赢了，我们的努力终于有了回报。"他的呐喊声是正确的。

与此同时，败军之将阿南陆相独自悄然回到了陆军省。这个坐落在市谷台上气势恢宏的建筑已毫无价值，帝国陆军70年的历史，眼下正在一点点地崩塌。尽管陆相拥有坚强的意志，并且付出了巨大努力，但日本帝国还是无条件投降了，将国家和军队的命运交给了盟军，听由其处置。现在，他必须要把还在鼓吹本土决战，还想着策马扬鞭、冲锋陷阵的全军将士拉回到严肃的撤退、投降的方向上来。这也是陆军大臣的使命。陆相要用一己之身扛起600万陆军之重。陆相身材略显瘦小，但"责任"二字却一直铭刻于他那肌肉紧绷的身体内。

现在，一旦陆军出现动荡，不仅避免不了紧要关头的最后一战，还会在国内引起新一轮的战斗，其后果将不亚于国家彻底崩溃。陆相想起一条自古以来的战训——善于撤退之将也可谓名将，不禁苦笑。他想，不论黑暗的时间多么艰难和漫长，都不能轻举妄动，不可将国家引向崩溃的境地。

此时，迎接陆相回来的是一群血气方刚的青年军官。还没等陆相坐下来休息，军事课、军务课中20多位少佐便闻讯挤进了那间并不宽敞的大臣办公室。他们大部分人脸色苍白、双手颤抖。对他们来说，陆相就是众望所归的希望。他们非常信赖陆相，全陆军必胜的信念就寄托在他的身上。青年军官们想要听一听这位备受信赖的陆相的报告和意向。陆相摘下军刀，靠到身后的墙上，开始平静地讲述御前会议的情况："陛下说他对捍卫国体有信心，所以决定无条件地接受《波茨坦公告》的内容。事已至此，唯有遵循圣意了。陛下之所以这样说，完全是出于对全陆军将士忠心的信任。"

不管是右派还是左派，全军都团结在阿南大臣的周围——从9日召开的第一次御前会议以来，一直凝聚在位于市谷台陆军总部的钢铁意志，突然要转向缴械投降了。

但是，大部分青年军官并不打算心甘情愿地接受失败。一直以来，大家精诚合作，力戒轻举妄动，不就是因为坚信以陆相为中心的高层们最后的决心吗？最后的决心是什么？陆相在10日面对紧急局势发表的训示中，非常清楚地说明了这一点："哪怕是嚼草根、啃泥土、睡荒野，我也坚信能在殊死一战中死里求生。"为此，大家心中有一股即使发动政变也在所不惜的精神。事到如今，难不成是让我们忘掉这些，放弃一切？

正是基于以上的心境，军事课员井田正孝中佐问道："我想请教，大臣为何改变决心？"

陆相答道："陛下流着眼泪对我阿南说：'你的心情我理解，虽然很痛苦，但请务必忍耐。'事已至此，我已经不能再继续反对下去了。"

他是一位忠诚的军人，也忠于职守。在他看来，如果一再反对天皇的旨意，就是不忠的行为了，这与他深入骨髓的军人精神是格格不入的。更何况，推动政变计划只会在身后留下不忠不义的污名。然而，他非常理解那些与自己儿子年龄相仿的青年军官们年轻气盛的心情。就算自己从未同意过政变计划，但早在此之前，就已经有所了解。从某种意义上讲，这等于给了他们一个希望。有段时间，他认为在清除天皇的奸佞之后，情况就能朝着有利的方向转变了。正因如此，他意识到自己肩负的重大责任：现在必须要更加明确地表明自己的想法，控制住青年军官们急躁的情绪。

"圣断已下，现在只能服从。不服从者，先从我的尸体上跨过去。"

此时，一位军官突然失声痛哭。陆相和军官们面面相觑，一言不发。只听见一种近似于喊叫的声音带着刺痛的感觉，在残破的屋内回荡着。畑中少佐低着头，任凭泪水淌下。在他的泪水中仿佛能感受到

43

他什么都不相信、不渴望、不接受的心境。耳边清楚地传来了眼泪滴落在地板上的吧嗒声。陆相默不作声，纹丝不动地凝视着畑中少佐怅然若失的身影。他或许从少佐身上看到了自己的影子。

此时此刻，上演流泪场景的可不仅限于市谷台的陆军大臣室。各地的历史都将在泪水中被改写。在永田町首相官邸的地下大厅里，有许多男人正一边潸然泪下，一边奋笔疾书。站在他们中间的长者，嘴里不停地说着什么，任凭泪水簌簌流下。《朝日新闻》政治部记者吉武信和柴田敏夫凝视着正在侃侃而谈的国务大臣兼情报局总裁下村宏那被泪水润湿了的面颊和嘴角，当发现手头的笔记本已被吧嗒吧嗒地润湿了时，才意识到自己也在抽泣。在他们眼里，下村总裁虽已筋疲力尽，但终究支撑住了在御前会议上因受到强烈的震撼而近乎瘫软的瘦弱躯体，没有倒下。

"不管我的命运如何，我都想尽力挽救全体国民的性命。如果战争一再继续，结果就是举国化为一片焦土……当陛下说这些话的时候，全体阁僚无不失声痛哭。"

下村总裁详细说明了9日的御前会议以来各种事情的来龙去脉。记者们对此进行了毫无保留的提问。大家既没有战败的切身体会，也认为没有必要思考或预见将来会发生的事。因为面对刚刚结束，刚刚硬生生划过眼前的伟大历史转折，大家想要知道，也必须要知道太多的事情。天皇陛下不顾自身安危也要把国民从战火中拯救出来，柴田记者被这份决心感动得热泪盈眶。东乡外相、米内海相、阿南陆相、梅津参谋总长与丰田军令部总长之间的论战让他万分激动，全神贯注，记录的笔在他手上一刻也没有停下过。身为书写当代历史的新闻人以及亲身经历历史的人，他怀着强烈的使命感，绝不放过下村总裁任何的只言片语。

情报局总裁秘书官川本信一边流着泪，一边想：这可不是记者招待会。可是，这不是记者招待会又是什么呢？川本矜持地自问道。然而此时，从心底涌上来的却是巨大的悲哀。

在这期间，兴奋、混乱和幻灭像燎原之火一样，在宫城周围蔓延开来。这火势一旦要蔓延到那些群情激昂，相信"要战斗到最后一兵一卒"的一线官兵的话，还不知道会引发什么样的暴乱呢！正因如此，位于市谷台的陆军省、参谋本部必须废弃过去所有的计划，先确认一下阿南、梅津那"承诏必谨"的决心是何等的坚定。

昨天的姿态还依然强硬，今天突然就烟消云散了，大家个个都神情沮丧、茫然若失。几乎所有决心坚持反抗到最后一刻，坚信能取得最后胜利的青年军官们都失魂落魄，要么坐在各自的座位上，隔窗眺望着远处飘过的仲夏白云；要么整日啼哭，任由悔恨的泪水夺眶而出。参谋次长河边虎四郎中将在8月14日的《次长日志》里翔实地记录了参谋本部内的情况："到了今天下午，一直相对镇静的本部内部也着实出现了动摇的前兆。在走廊上碰到了来来回回的一双双充满血丝的眼睛和一张张哭肿的脸颊。应该说此情此景，既理所当然，又无可奈何。"

但无论是战还是和，完成被赋予的使命是身为栋梁的一线将士的义务。只要遵守上司的命令，军人就不会有错，此项军人的原则在实践中得到了忠实的遵守。

在同一时间，东部军管区参谋不破博中佐在近卫师团司令部拜访了师团长森赳中将，此行是任务的一部分。不破参谋和森师团长都出身骑兵科，还是陆军大学的准师生关系。此行有点像儿子带着烦恼来寻求父亲的意见。这个烦恼归纳起来，就一句话——万一朝廷决定终战，东部军应该采取什么态度？虽然不破参谋只说了"什么态度"这四个字，然而对森师团长来说，其中的含义不言自明，无须做任何解释。师团长表情严肃地说："一旦决定了终战，就要毫不含糊地'承诏必谨'，绝不可轻举妄动。今天一早，陆军省的年轻人就接二连三地前来，态度强硬地逼我让近卫师团奋起抗争。我当场拒绝了他们，说，没有陛下的命令，我是不会动一兵一卒的……"

说完，森师团长看了看不破参谋的脸，笑了。他差点就说出"他们也去你们那边游说了吧"这句话来。参谋突然想起师团长的外号叫"和尚"，感觉这个称呼与其说是来源于其外貌特征，倒不如说是来源于其矢志不移的执着。

"但是……"师团长继续说，"那帮年轻人非常固执。不管我怎么说，他们都绝对不会同意的。今后，他们肯定还会再来的。万一我出了什么事，也绝对不会屈服于他们的胁迫。东部军在这种情况下也要下定决心，绝不能有任何违背陛下意志的举动……当然，这些都是决定终战之后的话了。"说完，森师团长挂着军刀站了起来，走到窗边。为防止爆炸引起气浪，玻璃窗上贴满了格子状的纸带，从格子的缝隙中眺望出去，可以看到千鸟渊水面反射出的耀眼光芒，还可以眺望千鸟渊对面皇宫内吹上御苑茂密的森林。御苑里面有御文库。师团长的思绪从地面的森林一下飘到了御文库，心中感慨道：住在那里的被尊为"万乘之尊"的天皇，没有办法向任何人表达自己的痛苦，只能把这一切深藏于内心的深处。如此的命运是何等的痛苦！此时，森师团长的思绪突然断了，他再也无心想象天皇泪流满面，向自己最亲信的内大臣木户幸一描绘御前会议的详情和说出终战决心的情景。

　　下午1点刚过，心情变得舒畅的不破参谋毕恭毕敬地对师团长说了句："我回去了。"未曾料想到这一天竟是他与"和尚"的永别之日。

下午1点至2点

下村总裁："决定进行录音广播。"

　　下午1点，在首相官邸最里头的房间里，召开了内阁会议，全体阁僚悉数出席。战争终于要接近尾声了。自8月9日苏联参战以来，内阁在近似不眠不休的状态下就停战匆忙地作出决定，虽然一路步履蹒跚，但终于走到了今天这一步。在过去召开的好几次会议上，身处阴沉气氛中的阁僚们大多只顾陈述各自的想法，但在今天的内阁会议上，大家却出乎意料地步调一致。陆相在不久前还寸步不让，坚持认为为了捍卫国体，一定要提出必要条件迫使同盟国认可。现在，他也不再固执己见了，神态自若地坐在沙发上，身体很放松，好像该做的事情都已经做完了似的。

　　以铃木首相为中心，圆桌周围坐了14个人。从首相的右边起，依次是米内光政（海）、阿南惟几（陆）、冈田忠彦（厚生）、左近司政三（国务）、下村宏（国务兼情报局总裁）、太田耕造（文部）、

48

安倍源基（内务）、小日山直登（运输）、安井藤治（国务）、石黑忠笃（农商）、广濑丰作（大藏）、樱井兵五郎（国务）、丰田贞次郎（军需）、松阪广政（司法）各大臣。首相身后坐着他的长子——秘书官铃木一。因为首相耳背，铃木一便经常作为特例列席会议，在一旁辅佐首相。另外，法制局长官村濑直养和综合计划局长官池田纯久在旁待命，迫水书记官长主持了会议。

连日的苦闷在他们灰白色的脸上留下了明显的痕迹，他们大部分人像害了病似的，流露着深深的悲伤和绝望。他们都哭得稀里哗啦。有趣的是，他们中资历最高的首相铃木贯太郎的面颊却最有光泽。就连年轻的秘书都惊讶于老人的强健。作为能在惊涛骇浪中支撑到最后一刻的人，他睡得好，吃得香，总是保持着一颗平常心。在内阁会议上，自始至终，他保持着一个姿势：几乎一言不发，脸上毫无表情。以至于大家都不知道他是否在听别人发言。要看透他的内心，可不是一件容易的事。

就这样，虽然带着如临葬礼般的肃穆沉默，但铃木首相却有高超的政治能力。他竟然连着 9 日、14 日两次在御前会议上请天皇做出圣断来进行决策，敢于采取非常手段，硬生生地将国家的命运改向至此[1]。

---

[1] 关于铃木首相的执政能力，作家志贺直哉在随笔《铃木贯太郎》中有着精彩的评论：在这种紧急时刻，政治伎俩是不管什么用的，不是吗？除此之外，日本没有更好的办法渡过难关，没有别的路可走……如果迎面相撞，只要敢豁出性命，任何人都可以做到。铃木希望用更好的办法，并最终实现了这一点。在这种情况下，只要铃木暗示和平，哪怕是一丁点儿，军队就会更加反动。于是，铃木将自

但是，在内阁会议上，老人还是显露出了自己的不悦，为何竟要两次请求圣断呢？内阁会议刚开始的时候，老人就嘟囔了一句："实在是不胜惶恐，我们还不够努力。"说完，再次陷入了往日的静默深沉，漠然不动。首相一提到圣断，就有好几个内阁再次掏出手绢，擦去了夺眶的泪水。但是，他们还没来得及思考流泪的原因，确认战败的内阁会议已经开始了。

内阁会议的主要目的是审议和决定《终战诏书》的内容并进行副署。迫水书记官长在报告中说，要在诏书中对天皇刚才的讲话略做修改，现在正在补充调整。于是，大家决定暂时先审议和决定一些零碎的议案。为了补充修改诏书，安冈正笃也来到了书记官室，有待讨论的问题堆积如山，首先讨论了因诏书颁布而带来的大赦和上奏问题，这是大家认为比较简单的。当大家取得一致意见，解决完此事之际，他们又意识到这样一个事实，他们正在讨论的正是对日本帝国末日的吊唁。

回想起来，没有哪个内阁像铃木内阁这样，自成立以来就一直是在沉闷的气氛中举行内阁会议的。阁僚们首次会面时，战争已经到了失败的边缘，国内外形势也都很悲观。负责生产、财政、运输通信、

己真实的意图隐藏了起来，最后让这艘千疮百孔的破船驶进了终战的港口。至今，我们还坐在这艘即将沉没的破船上。军队希望把船驶入大海，铃木只让船头朝向大海，却出乎意料地把船驶进了终战的港湾。的确，在那个国民失去理智的疯狂时代，一般的政治手腕是无济于事的。单就政治手腕这一点来看，铃木是远远不及冈田启介、近卫文麿、若槻礼次郎、木户幸一这些人的。与他们相比，铃木几乎毫无政治手腕，但是他那没有政治手腕的政治影响力却得到了充分的发挥。

粮食的大臣们分别做了报告，无一例外地都流露出了一丝绝望。实际上，小日山运输相、丰田军需相的日常工作就是叹着气，报告空袭所造成的破损情况；冈田厚生相主要的工作就是为战争受害者提供救济；安倍内相的主要工作是维持治安和防止空袭引起的火灾蔓延，拆除建筑物以腾出空间；太田文相负责动员学生出征而不是管理教育行政……大家的工作没有任何建设性，日复一日、任劳任怨地从事战败后的清理工作。

有一个人的遭遇特别悲惨，他就是石黑农商相。昭和十九年（1944），稻谷歉收，因此，不得不在昭和二十年的夏天减少每个人的粮食配给标准。而且，不是将一日一升减为八合（一合为一升的十分之一），而是将一日两合三勺（一勺为一合的十分之一）减为两合，减少一成实属无奈之举。如果还是保持两合三勺的话，那么到8月底，日本国民就将会成为吃了上顿愁下顿的流民。在10月新米上市之前，国民将全部饿死。两合三勺也好，两合也好，都是理论上的配给量。实际上配给的粮食很难送达老百姓手上，延配和停配的现象屡见不鲜，燃烧弹如雨点般落在饥肠辘辘却又为本土决战而疯狂奔走的人们的头上。除了仰天长叹，石黑农商相别无他法。

与以往那些充满混乱、绝望与挣扎的内阁会议相比，今天的内阁会议可以说是见证帝国终结的闭幕会议。虽然有点像葬礼，令人伤感，但无疑在某种程度上也令人欣慰。它并不打算赞成那在劫难逃的死亡式冲锋，也并不欣赏那过后留下的一片凄惨景象；而是踏踏实实地、逐一地解决那些横在通往既定结论路上的诸多问题。所有来自军人、官员、民众的杂音开始渐渐消失，他们第一次能够以自己的意志来制定国策，收拾残局。为此，内阁们在讨论时，态度更认真严肃。

内阁会议上的协商继续进行着，有几个人正焦急地等待着某个决定。他们不知道为了结束战争，自己将被迫承担重要的责任，只是坐在那里不耐烦地等待着内阁会议的命令。

就在1点刚过，内阁会议开始后不久，以大桥八郎为会长的日本广播公司（NHK）的干部们接到内阁官房的通知："请火速到情报局来一趟，商讨天皇广播讲话事宜。"大桥会长、国内局长矢部谦次郎和技术局长荒川大太郎一同来到情报局，在那里听到一个令人震惊的重大消息："即将公布《终战诏书》，是让陛下直接广播，还是通过录音广播，内阁现在正在审议。一旦决定，就会通知你们，无论如何，请立即做好准备。"

由于对由下村总裁、木户内大臣等策划的由天皇亲自广播来结束战争一事一无所知，他们听了这番话，都不敢相信自己的耳朵。"神的化身"——天皇——将站在麦克风前亲自告知国民：战争结束了。这一匪夷所思的现实，是个破天荒的计划。当听到天皇在御前会议上所说的"如果由我亲自呼吁国民平静面对的话，那我随时都可以站到麦克风前"这番话的时候，巨大的悲怆和强烈的震撼突然涌上心头，他们都像雕像一样，一个个被钉在那里，动弹不得。

这时，沉浸在悲怆之中的矢部局长突然想起了一段不为人知的往事。那是一件事后回想起来可以居功自傲的，关于天皇和麦克风的故事。但在当时，那却是发生在广播秘史中的一段令人不寒而栗的经历。昭和三年（1928）十二月二日，时任广播部长的矢部正在家中收听为纪念天皇即位在代代木练兵场举行的陆军特别阅兵式的实况广播。突然，他听到天皇的声音从收音机里传来，不禁大吃一惊。麦克风放在天皇座位后方50米远的地方，而且现场戒备森严。可能是因为顺风的缘故，天皇宣读诏书的声音吹进了麦克风，又传到了全国人民的耳朵里。

矢部大惊失色，立刻赶到了当时位于爱宕山的广播局。局里上下一片混乱。这可如何是好？脸色苍白的工作人员面面相觑，一筹莫展，全都陷入了恐慌。

就在此时，时任广播部长的矢部毅然做出了指示："如果邮政省问起是谁在监听今天的广播，你们就说是广播部长。"

矢部做好了承担全部责任的心理准备，但也不知道事态会发展成什么样。宫内省相关人员、陆军部相关人员和右翼组织等人都会怎么想？他们会提出怎样的要求呢？会不会出一堆难题呢？正如预料的那样，事态日益严重，矢部部长不得不承担起责任。

但是，救援之手出人意料地伸了过来。久迩宫多嘉王的御附武官曾对陆军次官说过："大妃殿下（绚子女王）听了那次广播，非常高兴。"这句话令事态骤变，朝好的方向发展了。陆军的态度软化了，与宫内省的交涉也进展顺利，事态就这样有惊无险地平息下来了。

矢部局长回想的正是这件事情。他曾两次受命负责天皇广播，对此，他感到不可思议，肩上的责任重大。自从那次侥幸解脱之后，在昭和十五年（1940）和十八年，广播局曾两次提出申请广播天皇的讲话，但都没有得到批准，矢部局长感觉他和天皇广播之间结下了不解之缘。

不管怎么说，广播协会的高层——大桥、矢部、荒川——带着各自的感慨返回局里，继续等待通知。是天皇现场直播呢，还是通过录播的方式告知全国人民终战的消息呢？内阁会议的决定很快就会从情报局传来。无论做出什么决定，有一点是毋庸置疑的——这是一个只准成功，不许失败的重大任务。必须要使用最好的技术，保持万分的谨慎。

当时，内阁会议还在集中讨论广播方式的问题。起初有几个阁僚反对："让天皇直接站在麦克风前，想起这情景，真是让人不胜惶恐啊！"然而，结束战争也没有其他更好的方式。尽管如此，为了保险起见，大多数人还是倾向于录音播放。下村总裁被从记者招待会上叫了回来，擦了擦汗，再次参加了内阁会议。他也同意采用录音的方式，此事最终得到了解决。录音地点的选择和所有其他的准备工作都留给了总裁。不久，广播局的大桥会长等人就接到了下村总裁的命令，命令很简单："决定用录音广播了。下午3点之前带领录音班前往宫内省。"

宫内省方面也接到了同样的通知。总务局长加藤进要求庶务课长笕素彦秘密进行录音的准备工作。大家考虑把录音场所设在二楼的御政务室（又称表御座所）。无论是环境还是空间大小，那里都很合适。

就在这之前，侍从入江相政去探望被疏散到盐原皇室别邸的内亲王，正巧返回京城。他已获悉天皇再次下了圣断，决定无条件接受《波茨坦公告》。这意味着所有枪支将停止射击，炸弹和燃烧弹将停止发射，很快就会出现欢乐的宁静。但这一切都能实现吗？他感到实在难以置信，感觉自己就像被关进了空荡荡的房间里一样。皇宫大部分地方都成了废墟，从这一片瓦砾之中，究竟会萌生怎样的和平呢？老实的侍从无法想象。于是，他向侍从长藤田尚德大将报告了内亲王的近况之后，就率先投入了录音的准备工作之中。无数的杂事纷至沓来，忙得晕头转向，他甚至为此感到欣喜。

1点30分，藤田侍从长与木户内大臣进行了面谈，传达了入江侍从的探望报告。木户阴沉着脸说，陛下说自己可以亲自前往陆海军省，当面晓谕那些过激的军官们。对此，木户问藤田侍从长，这样做是否妥当。要告知陆海军一线将士"战败为何物"，的确不容易。自建军以来，他们就没有尝过失败的滋味，且被教育"生不受俘虏之辱"。藤田侍从长同样身为海军大将，别无选择，只能回答说此事事关重大，不能草率决定……

木户内大臣又与侍从武官长莲沼蕃大将见面，进一步讨论这个问题。莲沼也很为难，不好明确答复。即便是拥有老提督和老将军丰富的阅历和经验，具备沉着冷静的洞察力，也难以预测事态会发生怎样的骤变。是叛乱？疯癫？还是暴动？抑或是井然有序地退却和投降？

在一切行将结束之际，陆军仍然强调本土决战，并断言只有不畏艰难困苦，实施本土决战计划，日本才能赢得最后的胜利。陆军竭力地推行并稳步地实施着本土决战计划。迄今为止无论是政府公开声明还是首相公开讲话，都是由陆军在战场上的拼死搏斗支撑着的。当事态发展到这步田地，这一切如此轻易地被推翻时，难道还能对国民保持沉默吗？

为此，木户内大臣、藤田侍从长和莲沼武官长忧心忡忡。但是因此将收拾残局的全部责任推诿到天皇身上，又实在令人惶恐。他们不得不否定了这样的想法。即使三人聚到一起，仍旧想不出什么更好的办法。目前唯一的办法是把全部责任推诿到身为当前统帅的陆海军两位大臣阿南与米内身上，除此以外……最好的方案就是遵从两位大臣的意志，采取相应的措施。1点50分，莲沼武官长说："立刻派人到阿南、米内两位大臣那儿，去征求意见。"

事实上，老提督和老将军的担心在这一刻正缓慢但稳步地成为现实。不管天皇发出什么旨意，陆相做何决定，也不管全体将士的意愿如何，那些打算践行自己信念的、血气方刚的军人们已经开始活动了。他们想登上历史的舞台并走到最前列。

听了阿南陆相措辞强硬的训话，畑中少佐不禁失声痛哭，青年军官们一个个像泄了气的气球，茫然若失地走出陆相办公室。只有畑中留了下来，他很快就下定决心要重新振作起来。

要想对抗历史的潮流，既要有坚定的决心，还要有不问对错、纯洁的爱国之心，另外还要有视死如归的觉悟。畑中少佐不仅具备以上几点，还有奇妙的人格魅力：他充满活力，又过于单纯，这反倒让他拥有了让人着迷的纯真。然而，最重要的是，他既是一个感性的青年，又是一个军人。①

---

① 在《东部军终战史》中关于畑中少佐有如下的记录："他是一个温文尔雅的人，言谈举止极其彬彬有礼""内心蕴藏着连铁石都能熔化的激情"，以至于"与他深交的人，在最后关头都与他难舍难分"。当时，少佐在陆军省的上司、同事、晚辈都异口同声地评价说，最重要的是，少佐是一个非常纯真的青年。下村宏在其著作中做了如下评价：少佐尽管纯真，却只是一匹太过单纯的辕马。椎崎中佐是一位体力超群、沉默寡言的军人。他能在吟诵《战友》这首诗时泪流满面，这也是一种纯情。

另外还有一位叛逆的狂热分子小园安名。他是位更有实力，且身经百战的猛将、著名的指挥官、海军大佐。面对败北，他没有像畑中少佐那样失声痛哭，而是将自己的斗志毫不掩饰地表现出来。无论是上司，还是其他什么人，不管三七二十一，他都要与之争论一番。他丝毫没有因勋章和军衔徽章上星星的数量少而低首慑服。他争论道：

"即便弹尽粮绝，只要还有一口气，也要排除万难保护天皇陛下和国土。哪怕成了孤家寡人，我也做好了以一己之力战斗到底的精神准备。"

他说到做到，14日上午，以一己之力展开了顽强的战斗。为了试图动摇意志薄弱的海军省和军令部，他给包括大臣、军令部总长、总队司令长官在内的海军全体最高指挥官发送了长长的电报。电文活脱脱就是一篇"出师表"，字里行间充满着勇猛果断的精神，其中一段更无所顾忌地透露出要发动政变的打算："坚信决不投降的帝国军人自然会与试图执行投降条件的当局发生冲突……"然而，在这份电报到达各指挥官手中之前，中央政府已经决定投降，海军的方针也已制定好了。

不知道这一切的他，越发坚定了当初的决心。在宫中，当藤田侍从长和莲沼武官长两人爬满皱纹的额头靠近之时，他正在快要把人烤熟的闷热中，驾驶着汽车飞驰在横须贺西北的一条道路上。海军三〇二航空队的厚木基地就位于这个方向，同意战斗到底的部下在那里等着他。三〇二航空队是直属①东部军司令官的防空战斗机部

---

① 三〇二航空队原直属横须贺镇守府长官，但从昭和十九年（1944）7月左右开始，

队，集中了雷电、月光、彗星等新式战斗机。

在统一的国土防卫方针的指导下，防空战斗机队就被拆散，分属于各自管辖区内的陆军防卫司令官指挥。

下午2点至3点

米内海相："军队将自己负责解决好问题。"

这个夏天酷热难耐。被烧毁的废墟上残留着的白铁皮反射出刺眼的阳光，人们拖着瘦骨嶙峋的身躯走在街上。闷热的空气中一丝风也没有，好像凝住了。

陆军省军事课员井田正孝中佐衣冠不整地敞着胸前的军服，怅然若失地坐在自己的座位上。此时此刻，他变成了一个万念俱灰，被彻底打垮的有气无力的男人。井田中佐扪心自问："就在一个小时前还心神紧绷，斗志昂扬，像出鞘之刀一样的我消失到哪里去了呢？"此时的他萎靡不振，无心做任何事。

对于相信"神州不灭"的大和民族来说，国体难道不比生命更宝贵吗？这个崇高的国体的历史即将因为投降而被割断。圣断已下，应该是毋庸置疑了。然而，井田中佐难以释怀。他觉得政府仅以珍惜生命为由，就躲在"承诏必谨"的美名之后，把所有责任都推到陛下的圣断之上，然后就认为已尽人事、已竭所能，不是吗？他打心眼里鄙视、唾弃中央这种卑劣的做法。"莫不是由于忍受不了痛苦，日本想要自杀了吧？"井田中佐胡思乱想着。

但是，井田中佐并不打算愤然而起。他想振奋精神，重新站起来，却感觉周围的一切太过虚幻。他活下去的唯一目的已被剥夺，感到万念俱灰。反正明天也会死的，事到如今，这副毫无意义又如尘芥般行将消失的身躯，又有什么忙碌和争吵的意义呢？井田中佐看破了这一切，他冷冷地远望着直属上司荒尾军事课长和同事们，他们为处理终战而忙碌着。

与井田中佐所持观点不同，军事课长荒尾兴功大佐敢于面对这场悲剧。他认为：直到昨天，以阿南陆相为中心的陆军坚持号召本土决战是有深远意义的。此举的目的也是想统一全军，打消国民对军队动辄疏远的不信任感，团结日本国民，给敌人以沉重打击，以便创造出哪怕是一丁点儿的有利的条件，从而体面地结束战争。然而，这样的重大战略举措已经被放弃了。在圣断已下的今天，再次强调要"承诏必谨"。其意图是通过贯彻执行这个政策，团结全军上下，秉承皇军的荣耀，避免混乱或冲突，有条不紊地接受战败。本土决战也好，"承诏必谨"也罢，看似不同，都是同一精神的体现。"统率即道义"这句话是陆相的口头禅，也是他的信条。荒尾军事课长想，全军一致，贯彻道义，只有这样才能将败北的日本从废墟中拯救出来。这也算是真正领会了陆相的意愿吧。

在这种信念的支撑下，他马上采取了行动，为此甚至不惜冒着背负"卑怯者"这一污名的危险。遵循陆军次官若松只一中将的命令，他接受了将"陆军的方针"作为文件保留下来这一极其重要的任务。战败并不意味着亡国，最后时刻的内战会打开亡国之门。为此，必须将陆军的方针视为绝对的信条。一定要采取有条不紊的行动，开展终战工作。对此，无论如何都要请陆军的老前辈们来好好商量一下。

第一总军司令官杉山元元帅、恰巧来东京的第二总军司令官畑俊六元帅、参谋总长梅津美治郎以及教育总监土肥原贤二大将都希望能聚上一聚。荒尾军事课长通过副官与他们取得了联系，还派人给正在参加内阁会议的阿南陆相送信，希望也能获得他的同意。接到荒尾军事课长命令的使者马上驱车前往首相官邸。

在首相官邸，内阁会议正在进行。国务大臣兼情报局总裁下村宏再次回到记者招待会的座位上，其他阁僚仍在不知疲倦地继续努力着。不过，米内和阿南两位大臣曾多次被来客叫出去，内阁会议也因此多次中断。宫中一派体察到木户内大臣和莲沼武官长的心意，也让侍从武官以使者的身份列席了会议。他向两位大臣传达了天皇的旨意，即为了平稳地收拾局面，天皇可以直接前往陆海军两省。两位大臣异口同声地答道："我们不会再给陛下添麻烦了。军队将自己解决好问题，请向陛下转达我们的意思。"[1]

无论如何，虽然内阁会议不时地被打断，但还是夜以继日地持续

---

[1] 多数史料对此史事是如此记载的："米内海相是当即回答的，而歪着头在一旁思量的阿南陆相是后来才表示同意的。"但池田纯久的著作和谈话都表明，阿南陆相也是立即表态的。

进行着。内阁会议看似非常平静，但阁僚们的目光时不时地就会投向阿南陆相，他们感到茫然，不知所措。在过去的内阁会议上，一直坚决反对无条件投降的陆相，现在就像得了健忘症似的，泰然自若地列席了商议投降的内阁会议，轮到他发言的时候，就恰到好处地发表自己的意见。但是，这种表面的平静足以让人怀疑：陆相怀里怕不是正揣着最后的王牌——辞职信吧。这可以说是暴风雨前的宁静吧！陆相依然是这场暴风雨的"台风眼"。

内阁会议采纳了由计划局长官池田纯久提出的关于严格禁止在殖民地进行破坏行为的提案。根据之前的战术原则，军队撤退时，一般要将设施和军需品毁掉，以免落入敌手。现如今禁止这样做，要将海外设施完好无损地保留下来，以用作将来必须负担的赔偿的一部分。[①]此项通知必须与结束战争的命令一起下发，否则有可能难以补救，所以池田强调必须立即采取行动。内阁们表示赞成。米内、阿南两位大臣也承诺立即命令相关负责人员采取行动。

就这样，阁僚们一个接一个地审议、决定着各种议案。与此同时，在距离首相官邸约1000米远的日本广播协会所在的巨大的建筑物里，另一项计划也将稳步而顺利地付诸实施。在接到内阁会议决定进行录音广播的通知后，荒川技术局长将此消息悄悄地告诉了技术局现业部[②]部长熊川严，并命令他准备录音。熊川部长考虑了一下，把技

---

① 从结果来看，池田纯久的这个先见之明导致了部分的严重失败。因为苏联把在满洲的设施当作"战利品"拿走了。这样一来，"战利品"就不能用来替代赔偿金。

② 负责管理公营事业的政府部门。——译者注

师长友俊一叫到自己的房间里，神色紧张地说："要进行一个非常重要的录音……"

一句话说完，他就下令着手准备。此时，熊川部长并没有提及荒川局长所说的录音地点以及录音内容等细节。不知为何，长友技师从部长的脸色中读出了："重要的录音"就是"天皇的录音"。此刻开始，长友技师将成为一个重大历史转折点的参与者。这是无法回避的责任，技师强忍着内心的激动，肩负着重大的责任，一言不发地离开了房间。

两台K-14型录音机、两组录音扩音器等录音设备都已小心翼翼地准备好了。录音团队由最好的器材和一流的技术人员构成，选用了性能最好的马自达A型话筒。谁都没有提及为天皇录音一事，但每个人都意识到了这一点并自愿且主动地承担起了此项重任。现业部副部长近藤泰吉是录音组的负责人，他的手下有长友俊一、春名静人、村上清吾、玉虫一雄等四人。为了能让眼前的混乱、破坏和颓废尽快变得安稳而有建设性，这群工作人员分秒必争地努力工作着。

与此同时，与之有着截然相反使命的另一个危险组织正在秘密集结。当广播局这一组正埋头准备录音设备时，另外一组正埋头于解释什么是"天皇的心意"、何谓"国体的精华"等重大命题。他们非常严肃认真，以至于现场杀气腾腾。但是，又正因为太过认真，他们的心胸反显得狭隘。因为他们未曾意识到，他们所埋头研究的重大问题从未脱离"军人精神"的框架。他们被灌输的是一种神秘而绝对的观念——要么全军覆没，要么凯旋。在他们的词典里没有"投降"一词。如果是为拥戴陛下而战，即便全军覆没，也不算败北。

椎崎二郎中佐、畑中健二少佐一起来到近卫师团司令部拜访了石原贞吉、古贺秀正两位参谋少佐并陈述了自己的想法[①]："一旦有外力凌驾于天皇之上，捍卫国体就成了一句空话。排除这个外力是皇军能力之所在，也是难辞之使命。实际上，接受《波茨坦公告》就是外力强加给天皇的证据。一旦以解除外力为己任的皇军被解除武装，他们拿什么捍卫国体呢？在这决定胜败的紧要关头，在捍卫国体一事上怎么可能妥协呢？古往今来,在东西方世界的历史中都没有出现过妥协的和平。与其妥协讲和，陆军应该采取的态度是'全民玉碎[②]'。可是，光荣的陆军大部分的指挥官们始终如一地认为终战是天皇的旨意，所以只得服从。但投降果真是身为国君和大元帅的天皇的旨意吗？难道不是身为失败主义者的重臣们随意决定之后，逼迫懦弱的天皇与皇后同意的吗？身为大元帅的天皇的心意应该不是这样的。对战争已筋疲力尽，开始吝惜起生命来的重臣们，他们的心思已完全凌驾于真正的爱国心之上了，不是吗？"

他们就这样思考着、争论着、相互说服着。不久，他们就意识到仅在此夸夸其谈是没有任何意义的。他们决定通过采取行动——为了真正捍卫国体而英勇赴死——以此昭示全民：与"承诏必谨"相比，他们的行动、他们的牺牲才是最佳的选择。不是为"一己"而是为

---

① 目前还无法认定四位青年军官是否真的在这个时间里密谋叛乱。但是，参照荒尾兴功、井田正孝、竹下正彦等人的意见以及时间上的推算，后来的宫城事件可能就是从这个时候开始的。

② 指国民全部战死。——译者注

"大义"而死，是在认清自身使命之后，毅然决然地英勇赴死。他们立志效仿楠木正成的"凑川之死"。即便失败了，他们也情愿背负污名，而且已经下定了决心，在精神上做好了准备。因为这是为了探索一个理想的日本而必须做出的牺牲。他们自身具有的悲壮美学在微妙地支配着他们的行动，对走向覆灭的日本陆军的光荣历史的最后一页进行的粉饰。

正当青年军官们怀着悲叹、愤怒和哀伤的心情逐步确立叛乱计划之际，在陆军省大臣的客厅里召开的陆军首脑会议上，被青年军官们斥为徒有虚名而应被唾弃的"承诏必谨"的"陆军方针"即将被正式确定。列席的有三大长官（陆相阿南惟几、参谋总长梅津美治郎、教育总监土肥原贤二），畑俊六、杉山元两位元帅，以及次长、次官、本部长、部局长、报道部长、调查部长、军事军务两位课长、总务部长和高级副官。

一份文件被呈了上来，若松次官将该份文件放在了畑、阿南、梅津、土肥原、杉山五位将军围坐的桌子上，说："这是本人根据参谋次长河边阁下的提议写成的书面文件。请各位在文件上签名。"

阿南陆相看了一遍，一言未发，第一个签了名。

"陆军的方针：8月14日14点40分，大臣接待室，皇军要严格遵循圣断采取行动。"

在阿南写下"陆军大臣阿南惟几"之后，梅津、土肥原、杉山、畑相继签了名。之后，梅津参谋总长说："规范航空部队的行动也很重要，我认为有必要获得航空总司令官的签名。"①将军们一致同意了。如此一来，这个陆军的方针就齐备了。

违反该方针的，就会被认作叛逆者，也就是叛军。

---

① 会议结束后，若松次官把文件带给航空总军司令官河边正三大将看，说明了事情的经过后，他拿到了大将的签名。

下午3点至4点

田中军司令官："我们将会重蹈永田铁山的覆辙。"

　　日本全国上下都笼罩在"死亡"的痛苦之中。东京的街上鲜有行人，俨然已经成了一座"死城"。下午3点，万里无云，阳光毒辣刺目，广播协会的大桥、矢部、荒川三位领导和录音组的五人正分别乘坐着宫内省的两辆汽车经过日比谷大街向坂下门驶去。一路上，众人沉默不语，他们在皇宫的木门前下了车，不久就由此进入了皇宫。

　　虽说是在战时，皇宫内对着装的要求仍然十分严格。大多数人都穿着佩戴礼仪徽章的国民服①。因为这天事出突然，大家都顾不上那么多，矢部局长的国民服是从高桥武治报道部长那里借来的。衣服不合身，有些宽大，他一路都在担心，这样会不会显得不恭敬呢？来到

---

① 国民服：1940年11月1日，日本敕令规定的战时常用服装。款式类似于军服，有折领，颜色为卡其色，另外还有与之配套的帽子和仪式徽章。——译者注

宫内省后，他们发现情报局第一部长加藤祐三郎、广播课长山岸重孝已先行抵达。加藤和山岸都穿着合身的国民服。大家都不清楚此行的目的，但每个人的神情都异常紧张。

录音人员被带到宫内省二楼的休息室，他们查看了放置麦克风的御政务室和隔壁进行拜谒的房间等场所后，马上就开始录音的准备工作了。由于尚未确定进行录音的时间，他们必须尽快做好准备。

此时，宫内省有人提出，能否在录音完成后，立即让天皇听一下录音的内容。因为没有准备播放录音的装置，所以他们答应如果有必要就安装一个。虽然不清楚是否真的有必要，但为了以防万一，长友技师决定和玉虫技术部员一起把东京唯一的一台双联式放音机取来。

在日比谷第一生命馆的地下室里有间用于备用播音室的"密室"，双联式放音机就放在那间密室里。密室里的设施齐全，万一广播会馆被炸，播音室遭到破坏，可以在这里进行广播。汽车朝着密室驶去，在进入大树下的阴凉处时，他们汗湿的肌肤感到了一丝凉意。是的，东京居然还有绿色！一种奇妙的感动涌上心头。他们对此记忆犹新。

在市谷台陆军总部周围也残留着同样美丽的绿色。但是，眺望着生机盎然的大树，住在这里的人们今天有一种无法用言语和文字表达的寂寞、凄凉之感。有谁会想到帝国陆军的军人竟会怀着如此凄惨的心情站在市谷台上呢？然而，这也是应得的报应。帝国陆军必须为自昭和六年（1931）"满洲事变①"以来，自己的野心、残暴和不忠而付出代价。帝国陆军不仅仅是一个战斗集团，还是一支具有崇高荣耀

① "满洲事变"即"九一八事变"，是日本帝国主义侵华的开端。——译者注

的军队。这些军人头脑发热，太强调纯日本性，认为1亿日本人只应活在军人的精神中，只应在这个精神中死去。这种偏执的精神越来越强烈，以至于产生了许多对政治感兴趣的军人。军纪涣散，形同虚设，全军就像满身裂纹的瓷器一样，失去了内部批判性。遭到侮辱的报应是应得的，头脑冷静的军人都这样想。

阿南陆相便是一位头脑冷静的军人。在陆军首脑会议结束以后，他没有返回内阁会议，而是把自己关在房间里，独自一人站在窗边，回忆起自己对天皇许下的承诺："军队内部的事情，自己会负责处理。"他意识到现在的问题不是要把陆军这个易碎的危险品打碎，而是要设法将其放到一个合适的地方。很快，陆相就命令陆军省课员级以上干部火速到总部的第一会议室集合。

在虚无、幻灭和痛恨的目光的注视下，陆相走上讲坛，缓慢地开始了训话。他首先陈述了事情的经过。10日那天，陛下做圣断之际，是停战还是继续战斗，完全取决于盟军的回答。正因如此，当时我要求大家做好战与和的两手准备，静观时局变化。但是，今天上午陛下做出的圣断，已经明确表明了终战的决心，而且说如果有必要，他可以亲自前往陆军省说服军队。

"陆军屡屡蒙受皇恩，遵循圣意，眼下陆军只有一个选择，即拥戴天皇并付诸行动。在捍卫国体的问题上，今天陛下表示'很有信心'，在元帅会议上，陛下又重申'朕有确凿的证据'。因此，今天在三大长官和元帅们都在的会议上，皇军要决心上下一致，服从天皇的裁决。"

若在平时，全体陆军的方向已经决定，事情至此也就稳妥了。陆军大臣既已下达命令，就不允许有任何的违抗。但是，现在时代不同了，有军人公然断言，即便是大元帅的命令，当确信是错误的时候，上前劝阻才是真正的忠诚。

大臣继续说："今后皇国的苦难将会日益深重，诸位……"

此时，会场一片肃然，台下传来部下们哭泣的声音。在他们中间，可以看到表情严肃的竹下正彦中佐的身影。大约三个小时前，中佐还建议陆相辞职，劝陆相出面制止副署；竹下中佐希望通过本土决战促成体面的停战，而此时此刻，他和其他人一样，为陆相所说的话感动不已。当听到大臣说"诸位"的时候，他惊讶地抬起头来。通常情况下，大臣应该说"我们"，而不是"诸位"。大臣已经把自己排除在外了！这又引起了新的感动，十分强烈。大臣已经作好了引咎自杀的准备，不是吗？

"诸位，请铭记：过早'玉碎'绝不是解决问题的途径，即便是啃泥巴、睡荒野，也希望诸位为捍卫皇国而奋斗到最后一刻。"

大臣平静地结束了训话。他劝告大家不要过早地"玉碎"——自杀，并命令大家在国土被占之后要为捍卫国体而努力奋斗。大臣开导说，在天皇的命令下"玉碎"，或在天皇的命令下忍受武装解除，只有在这一点上才能体现皇军真正的风采，皇国的命运也仰仗于此。不止竹下中佐一个人感觉到这是陆相最后的训话，其他人也都有一种直觉——陆相决定引咎自杀了。

接着，参加了御前会议的军务局长吉积正雄站了起来，逐字逐句地传达了天皇的话并详述了大臣的训示。紧接着，若松次官代表全体与会人员致答词，表示要严格遵守大臣的训示。此时此刻，一切已成定局。"满洲事变"以来15年，全陆军努力奋斗的目标在陆相的训示中最后得以实现。建军70年以来，创建帝国陆军的将军们的亡灵和人们的追忆依然活在这座建筑物的每个角落里。男人们神情肃然地聚集一堂，将要完成最后的任务。帝国陆军伟大的先辈们将会给他们什么样的祝福呢？男人们怀着无比崇敬的心情，目送大臣走下讲坛，转身离去。恐怕这是最后的诀别了。

然而，有几个心怀不满的青年军官没有出席大臣的训示。因为没有点名，所以不清楚究竟谁没有参加。比如井田中佐，明知有集会，就是仰面躺在陆军省的地下防空室里，不想动身前往。在他看来，这一切都极其荒谬。他感觉自己已失去灵魂，正轻飘飘地浮在炙热的空中。

集会中也没有见到椎崎中佐和畑中少佐的身影。此时，他们分头在皇宫周围四处奔走，为实现他们的理想，试图召集更多志同道合的人。当阿南陆相走上讲坛，环视部下的时候，畑中少佐正在东部军管区司令部拜访军司令官田中静一大将。军司令官室位于日比谷第一生命馆的六楼。奇妙的偶然无处不在。此时此刻，在第一生命馆的地下，长友、玉虫两位技师大汗淋漓，正设法卸下录放机，将其搬运到宫内省去。畑中少佐红着双眼，跑上了他们上方的楼梯。

田中军司令官欣然地答应了与畑中少佐会面。副官塚本少佐为以防万一，手按军刀刀柄，站在军司令官室的内侧戒备着。畑中少佐大声通报了一声，然后进入了房间。刚一进来，田中军司令官就给了他当头棒喝："你跑到我这里来干什么？贵官的想法我很清楚。什么都不要说了，滚回去吧！"

71

终止战争的决定也传到了东部军那里。与此同时，年轻的军官中有人企图暴动，这个不祥的消息也不知不觉传到了田中军司令官的耳朵里。

以田中军司令官为首的参谋长高岛辰彦少将等东部军干部们在内心深处下定决心，必须马上结束这场悲惨的战争，不能再继续下去了。

他们是参战部队。正因如此，不管愿不愿意，都得承认眼下日本处于最后阶段，要想生存下去，除了尽快结束战争以外，别无他路。他们管区内的军工厂几乎都被摧毁了，国民内心已对战争感到厌倦，军队本身也由于无条件的扩军而导致战斗力低下。如果机械化部队在空军的支援下登陆过来，守住关东平原都不是一件易事。而且预计敌方的登陆地点全是居民区和生产区。这里居住着1200万居民，该将他们转移到什么地方才好呢？根本就没有转移所必需的场所和粮食，也不知道敌方登陆后将如何对待普通民众。依照军方的精神论解释：只要是日本人，只要有大和魂，普通民众就不会采取任何妨碍军队的行动，他们都会很乐意为死守皇土而做出牺牲。在敌人登陆之前发动的歼灭战，真的像口头上说的那么容易吗？①

而且，田中军司令官和高岛参谋长还都面对着一个悲惨的矛盾，即在敌机没日没夜的狂轰滥炸下，军队一方反倒安全了，而既没有作战能力也不属于任何组织的国民却不得不在火海中挣扎。个人的力量

---

① 事实上，参谋本部的高层和阿南陆相等人预想在预期10月的九州岛登陆作战中给予敌人最后一击，再进行和平谈判。如果敌人在关东地区登陆，日本便毫无胜算，除了游击战，没有其他选择。

是不够的，这就是帝国末日的现实。他们直接参与防空任务，残酷的现实让他们的良心备受煎熬。如果不顾军人的职责，客观地进行判断的话，他们不得不承认，除了结束战争以外，已经没有别的救国之路了。

正因为了解实情，田中军司令官心里十分清楚，即便军队崛起违抗圣断，国民也不会跟随的。一看到畑中少佐的脸，军司令官就忍不住狠狠地申斥了他一番，因为军司令官深知眼下这悲惨的现实。

畑中少佐脸色苍白，嘴唇颤抖着，他本想说些什么，但声音嘶哑，说不出话来。他像根棍子在那里呆立了一会儿，然后像个机械玩偶一样敬了个礼，一言未发地转身离开了。塚本副官如释重负地看着田中军司令官的脸。军司令官也看着副官说："塚本，如果对此事疏忽大意的话，我们将会重蹈永田铁山的覆辙。"

不仅仅只有畑中少佐一人东奔西走、汗流浃背地到处活动。这边，木户内大臣也忙得不可开交，分身乏术。3点20分，三笠宫拜访了木户，大家畅谈了一番。3点40分，木户与莲沼武官长会了面。这里的人以木户为核心，都担忧军队会崛起反抗。为此，两人就如何让军队接受战争已结束这个事实以及如何实现在不流一滴血的情况下结束战争进行了讨论，寻找是否有更好的方案。

430万陆海军官兵、1万架自杀式飞机、3300枚海上自杀式兵器在日本国内各地待命，已做好最后大决战的准备。他们被煽动和灌输"全军要团结一致、拼死力战"的信念。哪怕粉身碎骨，也无所畏惧。负责指挥的陆军统帅曾夸下海口，在整个战争期间，陆军打的全是小规模的岛屿战，在这些战役中失利大都是补给跟不上导致的。所以，如果是十几个师团正面陆上作战，陆军是不太容易失败的。如果连仗都没有打，一夜之间就被宿敌解除武装，无论是军人还是军队，都会留下千古遗恨。

木户内大臣他们担心的就是这一点。"活着受辱，何以忍耐？"这种强烈的感情会让人疯狂。如何才能避免军队出现难以预料的骚乱呢？莲沼武官长将两位大臣提出的"陆海军将全权负责处理军内事务"的答复转告木户。木户也同意这个主张。但即便如此，忧虑依旧萦绕在他的心头。

3点50分，警视总监町村金五前来拜访木户。总监似乎想要驱散内府心中的困惑，向其保证："不必担心治安问题。"木户点点头，等待总监的下一句话。因为要想确保治安稳定，总监本应提出一些条件的。但是，他却保持沉默，木户也不好问。一切尽在不言中，不能再延误时日了。首要条件是"必须以闪电般的速度办完终战的手续"。两个男人都想：可能阻挠这个条件实现的，恐怕只有陆军了。

木户他们的担心是有根据的。军队的大方针是"承诏必谨"，可就相关内容，只写了"军队在战败后，老老实实地解除武装"这一条。如何解除武装，其方法和时间及其他方面的诸多细节都还只能发挥想象，根本没有一个确切的实施方案。眼下是有史以来，大家第一次尝到覆灭滋味的时刻。各种流言蜚语甚嚣尘上，其中流传最广的是敌人的一支大型登陆队明天一大早就会进入东京湾，登陆后直接入驻京城，并将毫不留情地解除军队的武装。大家相信，或许就在明天，军队将不得不忍受在光天化日之下，军刀被收缴、手枪被夺走、肩章被扯下这样的奇耻大辱。有几位少壮军官大声喊叫着，所谓"承诏必谨"，难道就是忍受耻辱、束手就擒吗？到昨天为止，还在杀戮战友和同胞的敌人，如今就要出现在眼前，军队能否甘心忍受这样的屈辱？对此无人知晓。

在陆军省的后院里，重要文件接二连三地被搬出来，堆积在略微凹陷的地面上，被浇上汽油点燃了。工作人员退到远处，将文件扔进火堆。火星四溅，烟雾直冲云霄。火焰高高地燃起，仿佛是在哀悼帝国陆军的崩溃，华丽而短暂。

井田正孝中佐走出地下室，回到房间，久久地注视着后院的场景。军务局军事课员室里，有几个同事显得非常沮丧。井田中佐对他们说：

"万事休矣，一切都结束了，把所有的一切都烧掉吧。在做完该做的事情之后，我们军人就该承担起真正的责任了，为战败向陛下谢罪。你们觉得怎么样？我认为，如果可能的话，市谷台陆军总部的军官，最好是全体陆军军官，一字排开，切腹谢罪，除此以外，我们别无选择。这才是确保我们的精神能流传万世的唯一途径，没有比这更完美的形式了。你们觉得怎么样？大东亚战争期间，一次都未曾感动过。此举如果能够实现，就再无憾事了。我们大家都应切腹自杀，以谢战败之罪。"

井田中佐从绝望、干涸的精神中找到了些许活力。他翻来覆去地想，每个人的命运都是不确定的，但这并不重要，重要的是我们要齐心协力、以气贯长虹之势迎接死亡。如果大家能以这种方式赴死，那么日本就能渡过难关，"神州不灭"的信念就会更加坚定了。这样一来，日本战败的意义就变得十分重大了，这与在"承诏必谨"的美名

下所进行的卑怯的战败不同，井田中佐想对所有同事说出他独自一人
待在地下室中绞尽脑汁得出的结论。

下午4点至5点

井田中佐："反正明天都是一死。"

因为阿南陆相从陆军省返回，一度中断的内阁会议再次召开。迫水书记官长向阁僚们递交了油印的印刷品。这是好不容易才完成的投降诏书草案，为了能最大限度地体现天皇在早上御前会议上的讲话精神，该草案征求了安冈正笃的意见，书记官长、木原通雄等人也亲自做了最后的加工润色。[①]老人们从口袋里取出眼镜戴上，恭恭敬敬地

---

① 从第一次御前会议结束的10日上午，迫水久常和木原通雄就开始着手起草诏书草案了。他们只参考了《历代诏敕集》《内阁告谕集》《汉和辞典》《广辞林》四本书。据说，开战的诏书语法有错误，所以大家决定这次要更加谨慎。汉学家川田瑞穗、安冈正笃两位协力在措辞和表达方面给予了指导。在天皇做出第二次圣断之前，油印的原稿就已经出来了。不过，当务之急是要在油印的原稿里加入第二次圣断时天皇的讲话。迫水书记官长决定修改油印的原稿。就这样，原本应该已经摆在内阁会议上进行讨论的原案，再次经过安冈正笃的校阅，直到下午3点之后才完成。这次刻油印蜡板的是内阁官房总务课的佐藤嘉卫门课员。

捧着诏书草案，从头到尾读了一遍。

不知为何，首相官邸总给人一种阴森森的感觉。窗户小，数量少，为防空袭，玻璃上密密麻麻地贴着十字花纹纸，黑色布幔垂在窗边以备灯火管制。房间里很暗，以至于白天都需要开灯。室内空气很潮湿。踏上阳台，展现在眼前的是一幅战败的惨景。身后的日本馆已被无情地烧毁，上面横七竖八地堆着焦黑的木材，周围的大树也因为火烧而枯死了。书记官长、书记官、秘书官等人的西式馆舍也都直接遭受了轰炸，外墙摇摇欲坠，行将倒塌。环顾四周，一片焦土。到处都是内部被烧毁、仅剩外墙的高楼，孤零零的保险柜和残垣断壁的仓库。隔着贮水池，白色墙壁的美国大使馆在对面丘陵的斜坡上，仅是屋顶被烧毁，俨然耸立在这片废墟之中。

战败的惨状令人刻骨铭心。那些读着无条件投降诏书的老人们的感受则更为深切。读罢诏书，文部大臣太田耕造发言："我看这份草案的措辞还不错，我们就把它列入议程吧。"其实，他也准备了一份诏书草案，但他并没有拿出来，而是建议将油印的诏书作为内阁会议的正式提案来进行讨论。①

大家认可了迫水和木原起草的方案，觉得可以试行。此时，米内海相和阿南陆相谈了自己的意见，提议将部分印刷品分发给各部门的负责人。对此，大家表示赞同，于是部分印刷品由副官分别送往陆军省和海军省。大家对陆海两相的苦衷心知肚明，所以也早已做好爽快接受他们提出的请求的准备。

---

① 据说除此之外，还准备了一份由综合计划局参事官毛利英莶兔起草的草稿。

无论如何，审议最多一个小时就结束。基于这个判断，诏书草案在没有通知的情况下被直接带到了宫内省。3点30分左右，一切准备就绪，在其他房间里待命的录音相关人员被告知，录音最迟将在6点左右开始。

但是，在紧急事态下，意想不到的事情会发生，计划最终未能如期实行。第一个障碍来自陆军省向阿南陆相提出的要求：基于法律手续，"接受《波茨坦公告》"应该视为缔结条约，所以有必要向枢密院进行咨询，政府在公布诏书前，应该先履行该项手续。陆相也想过这个问题，因为事前对此有所担心，所以特地让枢密院议长平沼骐一郎代表枢密院参加了御前会议。但是，从宪法的原则来说，不能佯装不知。

阁僚们意见纷纭。如果上述要求合理，那就有必要马上召开枢密院会议，可今天来不及召开正式的会议了，但时间上又不允许拖延下去。无论是对外，还是对内，都必须尽快完成停战手续。虽然迫水书记官长拼命地辩解，企图蒙混过关，但铃木首相却果断地指定法制局长官村濑直养，命其去进行充分的研究。村濑站起来，回答说立即前去调查，然后就静悄悄地离开了内阁会议室。

内阁会议莫名地进入了休息状态。大家认为陆军想要做最后的挣扎，似乎有更大的图谋被隐瞒了，这使得内阁会议上充斥着令人生畏的氛围。内阁们都在想象陆相的内口袋里否藏着"辞呈"，大家唯恐这份辞呈会被马上拿出来。但是，身为责任人的阿南陆相却没有什么异样，反而悠然地等待着村濑长官归来。

几乎所有的阁僚都在担心陆军是否在暗地里谋划着什么。但事实上，现在说什么"全军将士团结起来"之类的话已经晚了。"承诏必谨"的大方针已经被确定，在召开御前会议前一直酝酿的以大臣、参谋总长为首的政变计划已经被放弃了。有些军官因为要面子和逞强，仍然一意孤行地要实施政变计划。但是，形势的发展让他们无法力挽狂澜。"承诏必谨"的方针开辟了一条光明大道，令人豁然开朗，陆军在不经意间丧失了战斗的意志。

然而，一部分像椎崎中佐和畑中少佐这样的青年军官是不能被忽视的。他们被一种近乎疯狂的激越的信念所驱使，且行动开始了，这已经不再是面子和逞强的问题了。在大臣室里因失去理智而哭泣，跑出去之后就一直没有回来的畑中少佐，在油印的诏书草案被提交到内阁会议上的时候，摆出一副杀气腾腾的架势，再次回到了陆军省。他是在被赶出东部军司令部后，返回军事课员室找井田中佐的。

此刻，井田中佐正坐在自己的座位上，为自己提出的"全体军官集体自杀"方案做准备工作。畑中少佐顶着盛夏的烈日，骑着自行车，来回奔波于各处。先从陆军省到近卫师团，再从近卫师团到东部军，然后又到陆军省。他满身尘土，汗水湿透了全身。与中午在大臣室里哭成泪人的时候判若两人，畑中少佐此时的表情非常明朗，连井田中佐都感到诧异。畑中邀井田上了屋顶，两位军官看着眼下一片荒芜的京城，彼此敞开了心扉。

"今后该怎么办？"畑中少佐首先问道。在陆军士官学校，井田中佐是畑中少佐的学长，比他高一个年级。井田突然想起了在学生时代，大家经常这样讨论问题的美好时光。井田谈了谈自己正在考虑的以"全体军官集体自杀"的方式来承担战败责任的想法。畑中惊讶地瞪大了双眼，答道："的确，如您所说，这才是皇军应有的飒爽英姿，也可以说是一条最好的道路。但是，这样真的可行吗？我想恐怕未必。我不同意中佐您这个不切实际的方案。但是，也不能就这样无所事事地待着……为了捍卫国体，是力行'承诏必谨'比较好呢，还是放弃毫无把握的谈判，将战争坚持到底比较好呢？我想如果不看结果的话，是无法断定的。况且，人类也不能预知未来。既然如此，无论采取哪种方案，归根究底，一切都要听天命，不是吗？同样都是听天命，与其坐等他人来捍卫国体，不如做背负污名的逆贼，身为国民选择一条走得通的道路，这才是上策。"

畑中少佐滔滔不绝地讲着，目光炯炯有神，他那旁若无人的气概中有一种能打动人心的奇妙力量。

"你我都不知道老天爷会眷顾谁。无论眷顾谁都可以，可人世间的判决往往是由实际行动来决定的。只要我们的实际行动是出于纯粹的忠诚之心，身为臣子，就丝毫无须羞愧……中佐，我认为我们首先应该占据皇宫，切断其与外部的联系，帮助天皇陛下为收拾局势做最后的努力。这种做法比'全体军官集体自杀'更好。我已经与近卫师团联系过了，一切准备就绪。只要少数人愤然而起，就能一呼百应，最终整个军队都会站起来一致行动。成功是毫无疑问的。务必请中佐同意并参与计划。"

井田中佐听着听着，感觉自己就要被少佐的道理说服。战败的铁锤迎头击来，一切计划化作泡影，到处都是无助和绝望。此情此景之下，他一个人竟能勇敢地认真制定计划并展开行动。这个男人的活力究竟来自何处？一位鞠躬尽瘁、死而后已的真正的军人仿佛就站在眼前。最后的陆军已名誉扫地，畑中少佐则是让人感到耳目一新的唯一。

陆相说，天皇已无意再战，所以无论策划什么，都不过是徒劳。但是畑中少佐却说："尝试最后的直谏，难道不是'确信神州之不灭'的人们赋予我们的使命吗？"成功与否要看努力的情况，并不是一点希望都没有。

但是，井田中佐并没有说出自己内心的真实想法，而是违心地强调日本所处的"现实"。他回答道："这可是在强大的外敌面前惹事啊。如果成功了还好说，可如果失败并由此而引发内乱的话，那将是一场灾难。既然没有百分之百成功的把握，那现在除了'承诏必谨'之外，我们别无选择。所以，我不同意你的计划……喂，畑中少佐，燃烧的劫火一旦被水浇过，就会失去再燃之念，这可是人之常情啊！"

"中佐，您说的是成功与否的问题。我想'承诏必谨'也一样，事先都难以计算出有多少胜算的。捍卫国体果真能实现吗？首相、海相、外相，谁都不敢保证。正因如此，我坚信断然实行我的计划才是唯一的出路。"

此时，井田中佐个人对政变成功的可能性已不抱任何幻想。当阿南陆相决定服从圣断的时候，成败已成定局。军人的觉悟和普通人的常识告诉了自己这一点。他想，事到如今，时代的潮流已经无法逆转了，挥起的拳头不知该砸向何处才好，比起沮丧地挠头作罢抑或自暴自弃地挥舞拳头，在全世界的注视下堂堂正正地把手放下反倒需要真正的勇气，而且唯一剩下的选择就是大义凛然地舍生取义。

"畑中，我对你的赞同仅限于纯粹的精神之上哦。我是不会采取行动的。如果有可能，你也可以试试看。我是不会阻止的。反正明天都是一死。①"

几分钟后，井田中佐使劲拍了下畑中少佐的肩膀，把他送走了。心想：无论如何，畑中的计划是在圣断下达之后匆忙拟定出来的，要将计划付诸行动，想必时间十分仓促。此时，井田中佐又情不自禁地向畑中少佐失落的背影投去了温暖的目光。

畑中少佐反复对井田中佐说，自己已经与近卫师团取得了联系。此时，这个近卫师团的步兵第二连队在连队长芳贺丰次郎大佐的指挥下，正威风凛凛地举着连队旗，从乾坤门进入皇宫内。在正常情况下，皇宫内的警备工作由第一连队和第二连队轮流担当，14日、15日由第二连队轮岗。第二连队由三个大队组成，轮班的方式就是一大队在皇宫内执行警备，二大队训练或休整，三大队在司令部待命。这一天，一大队（大队长北畠畅男大尉）已经进入皇宫内，在规定的哨位上就位了。不过，为了加强警备，待命中的三大队（大队长佐藤好弘少佐）也参与了警卫的工作，第二连队长芳贺丰次郎打算亲自来指挥。在并未发布空袭警报的情况下，这样做是很不寻常的。

二大队连队副官曾我音吉大尉接到了芳贺连队长的命令，让他在完成部队的善后工作之后加入宫城警备工作，于是曾我副官便留在了师团司令部。他只是大致听说在11日左右接受了《波茨坦公

① 两个人的问答来自昭和二十年（1945）8月16日记录的《关于八一五事件的井田中佐的记录书》。这是军事课长荒尾兴功大佐审问井田正孝中佐时的记录。其余部分参考了井田中佐的手记、谈话等。

告》，但无法得到准确的消息。对今天上午天皇再下圣断一事，曾我副官就更是一无所知了。所以，曾我副官对于皇宫内加强警备，要举连队旗，连队长直接指挥这样的特别措施[①]，多少也感到不对劲儿，但也没有太在意。

在近卫师团司令部的参谋室里，两名青年军官正在待命等着那一时刻的到来。两名军官是陆军航空士官学校学生一大队第三中队区队长上原重太郎大尉和在陆军士官学校任教的藤井政美大尉。上原大尉于8月12日以航空士官学校教官佐野干雄少佐的联络官身份拜访了近卫师团，与参谋古贺秀正少佐见过一面，自那以后，上原大尉就成了拒绝投降的政变派一员。藤井大尉来自近卫师团第一连队，因为想要知道中央的情况，所以从座间[②]远道而来，虽然是初次见面，但很快与豁达的上原大尉成了形影不离的知己，也更加坚定了要在紧要关头挺身而出的决心。因为人员的进出处于一种混乱的状态，所以曾我副官几乎没有注意到这两个人。

就在畑中少佐所说的"以某种方式保持联系"的近卫师团打算有所行动的时候，法制局长官村濑直养回到了内阁会议，有条不紊地报告说，从法制上讲，不需要特别咨询枢密院。对于结果，迫水书记官

---

① 下午4点过后，一大队的警力变强，有两种可能：其一，知道"圣断已下"这个事实，奉师团长之命，采取该措施以备不测；其二，此时团长已经同意了畑中少佐等人的计划，在该计划下采取了行动。究竟是出于哪种可能，现在已无法查证。因为芳贺连队长在本书撰写之前就已故去。在此不做任何判断，只是如实地将当时的情况记录下来。

② 当时陆军士官学校等旧陆军设施的所在地。——译者注

长一时忐忑不安，但佩服村濑长官非常冷静的说明。与此同时，也由衷地松了一口气。阿南陆相没有再追问下去，只是问了些该问的话。只要没有异议，议程就顺利继续，会场的气氛变得简单了。

内阁会议进入对诏书草案字句的斟酌阶段。在讨论期间，各大臣接连不断地被叫离席，讨论几度中断，等大臣回来之后，又重新开始，结果迟迟没有进展。内阁会议室内外的人们好不容易从茫然若失的状态中恢复了自我，现场的气氛逐渐忙碌、活跃了起来。

下午5点至6点

近卫公爵："近卫师团有准备暴动的计划……"

下午5点刚过，当前首相近卫文麿公爵得到消息，说皇宫中心形势险恶时，他的脑海中立刻浮现出了当年的"二·二六事件"①。同时，近卫公爵获悉下午准备召开御前会议，综合考虑之后，他认为必须马上通知木户内大臣。近卫公爵原本心想，因为御前会议，木户内大臣异常忙碌，可能无法联系到他。没想到木户内大臣接到来电，想请近卫公爵立刻过来一趟，毕竟电话里不便交谈。

房间里，两人相对而坐。木户内大臣将上午提前举行御前会议以及当时众人泪流满面的情景都告诉了近卫公爵。当木户内大臣原原本本地说出天皇的旨意之后，近卫公爵忍不住说了句："这下成功

---

① 二·二六事件，指1936年2月26日，发生于日本的一场政变。日本陆军的部分青年军官率领上千名士兵意图刺杀政府和军方高层的反对者，最终政变失败。这次事件，是日本法西斯军国主义发展的重要事件。——编者注

了！"满眼的泪水夺眶而出，像线一般从枯瘦的两颊滑过。"铃木首相的无为之策最终赢来了停战的决定。"近卫公爵感慨道。他再也控制不住自己的感情，任凭泪水潸然流下。木户内大臣受到感染，又淌下了眼泪。隔着脏兮兮的办公桌，两位殿上人①不停地流着泪，以至于彼此都感觉有些不好意思了。

稍过了一会儿，近卫公爵说："近卫师团有准备暴动的计划，这事你知道吧？"

木户内大臣摇了摇头，说："好吧，但愿只是个谣言。"

木户内大臣询问了消息的来源，可近卫公爵笑了笑，把问题岔开了，只是叮嘱要严加防范才好。

"嗯，就这么办吧。"木户内大臣虽然嘴上这样回答，但他还是半信半疑：有什么图谋吗？有确凿的证据吗？怎么会有如此愚蠢的举动？他宁愿相信这不是真的。

侍从户田康英较早注意到近卫师团的异常举动。他发现从宫内省到御文库的路上，徘徊着很多军人，人数比平时多。虽然感到有些不对劲儿，但他很快又改变了想法：是呀，现在已经决定停战了，军队这样做，或许是为了应对可能发生的不测吧……可即便如此，人数也太多了一点吧……

士兵们并非喜欢这样四处游荡。自从宫殿在5月的空袭中被烧毁之后，虽然他们奉命进驻皇宫，但是哨位也随之减少了，只要少数人就足以胜任规定的护卫工作。无法让两个大队的人员全部上岗，所以

---

① 殿上人指的是有资格进入皇宫清凉殿拜谒天皇的贵族。——译者注

无奈之下，无岗可站的人只好一边四处游荡，一边等候命令。

说到等待，参与录音工作的相关人员正紧张而漫长地等待着那个"时刻"的到来。他们一开始被告知是6点左右，所以不停地看时间，反复告诉自己快到了。3点30分，准备工作结束之后，他们又陷入了紧张而漫长的等待。

参与录音工作的相关人员正焦急而沉闷地等待诏书的完成，另一边，内阁会议上的男人们讨论着遣词用句，正进入白热化阶段。他们并未意识到有人在等着他们。由于激动，迫水书记官长脸色苍白；米内海相坐在他的斜前方，神情严肃；阿南陆相仍然自信满满地坐在旁边，再次成了焦点；铃木首相坐在他们的对面，此时他正在发呆，也不知是否在听大家的讨论。

米内海相热忱地讲着，却结结巴巴的："我国已经濒临崩溃。在冲绳和缅甸……可以说是一败涂地。那么本土决战呢？很遗憾，如各位所知，我们毫无胜算。我认为，现在已经不能说什么战争还没有失败的话了。很明显，我们已经战败了。"

阿南陆相激烈地驳斥道："在个别的战斗中，我们是输了，但战争的胜负还尚未决定。关于这一点，陆军和海军的判断是不一样的。"

最后，争论的焦点集中在诏书草案的"战势日非"这句话上了。阿南陆相说："如果依照这份原稿，那么在此之前，大本营所发表的内容都会被架空。而且不是战败，只是目前没有好转。"因为这个理由，阿南陆相固执己见，坚持认为应将"战势日非"改成"战局并未好转"。而以米内海相为中心，有两三位阁僚则主张原文的说法是正确的，大家反复争论了几十分钟，始终没有任何结果。

在这一点上，陆相态度强硬，即便是陷入孤立无援的境地，也绝不退让。以至于阁僚们都感到诧异，到底是什么迫使他如此固执呢？很快，阁僚们开始理解陆相艰难的处境了。他最担心的是部下的暴动，皇军在最后关头是不会听从命令的。如此可悲的现实，陆相比谁都看得清楚。对于大多数忠诚的军官来说，陆军的崩溃甚至动摇了他们思想和信念的根基，他们第一次经历如此激烈的内心冲突。停战之际，很多人手足无措，完全迷失了方向，不知道该做些什么。什么是忠诚？陆相正在竭尽全力将部下从绝望的混乱中解救出来，并亲自引领大家做出正确的决断。他认为最重要的是要给他们一个"光荣的败北"！

严格来说，阿南惟几大将身为军人，与陆军大臣相比，更像是一位一直在教育领域耕耘的思想保守的将军。一线的武勋与他无缘。仅有的也就是他任一〇九师团长，在进攻中国山西省路安城时的一次战斗取得的胜利。但是，他现在肩负着全军的希望，他即将完成的任务可以说是整个陆军史上最伟大、最崇高的任务，比起前辈们在奉天会战和旅顺港要塞争夺战所取得的巨大胜利还要伟大得多。陆相挑起了这份艰苦工作，他肩负着崭新且沉重的责任，不肯退缩半步。

为了能让全体陆军严格执行"承诏必谨"，只要他认为有必要修改诏书的措辞，他就会无视时间，堂堂正正地阐述自己的观点并坚持己见。在海外最前线，300多万名官兵此刻正在与敌军进行势均力敌的或略占优势的正面交锋。从8月12日以来，他们听说中央的方针是无条件接受《波茨坦公告》的消息后，马上就斥责中央懦弱，并呈报上级，表达了要勇往直前、迈向胜利的决心。中国派遣军总司令官冈村宁次大将就强硬地表明了要继续战斗下去的强硬意志，他说："全军豁出命来，誓将战争进行到底。"南方军统帅寺内寿一元帅拍电报给陆相和参谋总长，要求坚决战斗到底。众人的斗志依然昂扬。但是到了明天，他们必须在敌人面前放下武器。

陆相心想：我们怎么能够将"战势日非"等这种无视他们努力的判断告诉他们呢？他们已经尽职尽责，甚至超额完成。但是，"战局尚无好转"，只能决定停战。事实上，陆相没有海相和外相那样强烈的战败感，这也是全体陆军的感觉。陆相是陆军强烈意愿的唯一代表。

下村总裁和迫水书记官长商量了一下，就打电话给宫里，说是无论如何，6点也录不成音了。总务局长加藤进答问："知道了。那么大概估计几点可以呢？"书记官长不知该如何作答："这个嘛……我想7点钟应该没有问题吧……"

挂断电话后，书记官长苦笑了一下，他内心有一种奇怪的预感：这简直就是无稽之谈，7点钟能行的话，我去切腹得了。

迫水书记官长回到座位上不久，米内海相因有要事离席了。离开之前，海相悄悄地在书记官长耳边说："记住哦，书记官长，'战势日非'这一点绝对不能更改。"

书记官长同意了，但一想到又要与顽强的陆相进行交涉，就觉得难以承受。陆军的代表面色红润，精力旺盛。相比之下，书记官长从9日以来就在不分昼夜地工作，身心早已疲惫不堪，面对陆相的猛烈攻势，书记官长感觉有些招架不住了。这一周以来，他感觉自己犹如被推上了刀刃，战战兢兢地过着每一天。

记者招待会结束后，《朝日新闻》记者柴田敏夫在官邸记者俱乐部发了一会儿呆，然后回了报社。一阵激动之后，他突然感到疲劳，筋疲力尽地远眺着西边的落日，像在看一件稀奇的东西。今天一天都没有空袭了，真是难得。据悉，一旦《终战诏书》正式发布，外务省就要马上通过瑞士公使馆向盟军发电报，表示无条件接受《波茨坦公告》。一切都要结束了，柴田记者真切地感受到。

他对政府当局拼命上演的一场走刀刃般的、惊心动魄的终战剧一无所知。为什么没能更早地结束战争呢？在他看来，显然是政府当局和重臣们的怠慢和不负责任造成的。他们抱着侥幸心理，相信自己有上天的保佑和神明的帮助，把所有的希望都寄托在特攻队的舍命一搏上，没有一个人愿意主动承担战败的责任。为此，房屋化为灰烬，数十万国民白白地死于战火。现在，战争终于依靠天皇的力量结束了，他们却想把全部责任推卸到天皇身上，巧妙地掩饰自己的责任，难道不是吗？当柴田记者从悲愤中清醒过来，重新找回新闻记者的自我时，发现自己一直对某些事情感到愤慨，情不自禁地暗自吃了一惊。

不管怎样，他做好了今天得熬夜的准备。因为不知道《终战诏书》的公布时间，他们与驻官邸的记者吉武信一起，必须留下日本历史上头一回战败的记录①。在此之前，柴田想先小憩片刻，哪怕是打个盹儿也好。但是，他难以入睡。虽然躺在上夜班用的小床上，

---

① 仅近代史而言，这个说法就不准确，这是日本军国主义分子的一厢情愿。——译者注

眼睛却睁得大大的。在无法入睡的状态下，他想起了8月13日下午发生的事：

关于国体问题，同盟国方面正式答复了日本政府的照会。当内阁会议对答复中的"subject to"一词的理解产生分歧的时候，为战斗而四处奔走的青年军官们，未经陆相的允许，擅自向报社和广播电台散布了内容惊人的奉敕命令："大本营下午4点将公布：皇军奉新的敕命，宣布对美英苏中开战。"

《朝日新闻》报道部第一部长长谷部忠对此内容深表怀疑，于是派驻官邸记者去确认命令是否属实。受命的年轻记者飞奔到内阁会议室，找到书记官长，问他政府是否知道这件事，并将记录着大本营发布的消息的纸片拿给书记官长看。书记官长看后，大惊失色。记者说："消息将在下午4点进行广播。"书记官长返回内阁会议室，通过陆相再三恳求参谋总长，直到下午4点前的几分钟，大本营发布消息一事才得以取消。

此时此刻，盟军正在潜心关注着日军在面对《波茨坦公告》的最后一刻的做法。一旦这个假的奉敕令公布的话……不敢设想，真是千钧一发啊！而这位年轻的记者——柴田敏夫在这关键时刻发挥了大作用，避免了危机的爆发。

柴田躺在小床上，得意扬扬地回忆着这个千钧一发的逆转时刻。在一个重大的历史转折点上，自己扮演了一个微不足道的角色，而这又仿佛已经过去了很久。

此时，柴田将视线又转向内阁会议室，发现这个房间里的每个人都非常忙碌，没有时间像自己那样沉溺在对往事的回想中。一直以来，关于"战势日非"还是"战局尚无好转"的措辞问题展开的激烈争论。迫水书记官长像防波堤一样，替海相挡住了来自陆相惊涛骇浪般的犀利攻击。然而，书记官长在争论过程中，却突然体验到一种类似幸福的感觉。

每当阿南陆相在内阁会议中途悄悄离座时，迫水书记官长心里都会瑟瑟不安："是不是去拿辞呈了？"不过，现在不用担心了，因为书记官长已完全了解陆相的为人了。书记官长开始满怀敬意地注视着陆相。陆相不肯让步，并不是因为他的倔强或情势所迫等情感上的原因，而是因为他想最大限度地从终战中获得有利的结果，直到能够说服自己为止。陆相并没有装腔作势。尽管如此，4点钟重新召开的内阁会议在众口嚣嚣中又过了两个小时，时钟已经指向了6点，却没有达成任何决定。啊，多么剧烈的阵痛啊！就连书记官长也都几乎丧失了耐心，打算放弃了。

无论书记官长多么焦急，内阁会议却如此拖延，这实属无奈。因为有规定：除首相、阁僚、书记官长以外，只准为耳背的首相担任"助听器"一职的铃木秘书官、法制局长官和综合计划局长等20人进入内阁会议室，其他人不得入内。面对从未经历过的战败局面，陆相、海相自不必说，其他必须要与各省厅协商的案件层出不穷。每当有要事发生，大臣们就不得不离席而去。为了等他们回来，会议不得不一再中断。

内阁会议室里刚刚进行了两个小时的激烈争论。在此期间，宪兵司令部决定了面对终战应采取的方针。陆相将陆军省的中坚军官们召集到一起，传达"陆军方针"。同时，宪兵司令部里，本部长石田乙五郎中将也命令全体人员到礼堂集合，宣布圣断已下："陛下确信国体能得到捍卫。按照陛下的意思……"

高级部员塚本诚宪兵中佐聆听着石田本部长的讲话，头脑里忽然像划过电光似的，闪现出天皇《军人救谕》中的一段话："与朕一心，竭力卫国，则我国苍生将享太平之福，吾国之威，亦可光耀于世矣。"天皇的这番话是誓与国民共命运的宣言。如果天皇本人也能这么想，那就没有任何异议了，塚本中佐想通了。一切都不能改变了。在鸦雀无声的礼堂里，塚本中佐自言自语地说："如果为'大义'而投降的话……"

与此同时，塚本中佐脑海里浮现出了一张面孔。那是一张斗志昂扬、视投降为奇耻大辱的脸，是一张对2600年悠久历史满怀信心的脸。由于职务的关系，中佐手中握有一份军部激进分子的名单。在首领一栏里，就写着这个人的名字。在这个非常的时刻，他会有什么举动呢？塚本中佐很担心，因为如果发生不测，宪兵队一定会采取措施。下定决心后，他再次想起了那位斗志昂扬的军官的那张面孔。那位军官就是新任军事课员井田正孝中佐。

下午6点至7点

莲沼武官长：“时逢当下，务必慎重。”

　　天皇若有所思地看着远方。此时，太阳刚好被云朵遮住，天皇每天都散步路过的吹上御苑的热气转瞬间便消退了，好似这夏日转瞬即逝。入江相政侍从跟随在天皇身后。天皇突然停下脚步，又问起诏书一事。在此之前，这问题已经被问过无数次了。入江侍从每次只能如实回答，这次，他也向天皇报告说尚未送达。这时，天皇脸上流露出了一种遥望远方的神情。侍从深深地垂下了头。原来陛下是如此迫不及待地等着草案啊！入江侍从像受到责备似的，垂着头，心里一阵阵地难受。同时，入江侍从也注意到，平日严禁入内的吹上御苑，附近出现了很多近卫兵的身影，他不经意间觉察到了蹊跷。

　　就在此时，铃木首相前来觐见的消息传来了。首相的觐见并不是为了呈递诏书，而是为了报告内阁会议的内容，并为会议的延时道歉而来。

首相在御文库的晋谒室里谒见了天皇。当首相向天皇表示歉意的时候，在位于内廷厅舍①的侍从武官长办公室内，近卫师团长森赳正在拜访莲沼武官长，两人正促膝恳谈。此时，森师团长还不知道御前会议已经做出了结束战争的决定。

"从今天早上开始，美军飞机就不停地散发着传单，传单上赫然印着'日本接受《波茨坦公告》'，上面写的是真的吗？"

"嗯，御前会议决定投降。军方有什么异常吗？"莲沼武官长问。

他对近卫师团的一大队已加强兵力，进入皇宫负责特别警备一事一无所知。森师团长答道："10日以来，谣言四起，因此军心多少有些动摇，但没什么大不了的。"

莲沼武官长也很担心血气方刚的将士们会暴动，他身体里流淌着的陆军传统的血液似乎也预示了这一点。当武官长说到近卫师团长责任重大时，森师团长立即掷地有声地回答："绝对不会让您担心。"

"凭着对你的了解，应该没问题。不过，时逢当下，务必慎重。"莲沼武官长一边这么说。一边又觉得这忠告也许是多余的。武官长切实感到师团长非常可靠，只要这个忠诚刚毅的将军健在，皇宫就会平安无事。

此刻，陆军省和参谋总部将由陆军制定的"严格执行终战诏书决定"的方针逐一下达一线部队。首先从市谷台到守卫京城的东部军司令部，然后到负责皇宫警卫的近卫师团司令部，军队的意志正在平流

---

① 宫内省建筑物的一部分。宫殿失火后，用作御座所和亲信办公室。

缓进，扩散开来。那些一线司令部的将军们的情绪随之激动起来了。

森师团长从莲沼武官长处离开，回到办公室。不久，东部军高岛参谋长打来电话，命令森师团长马上到东部军司令部集合。森师团长立刻前往。田中军司令官向森师团长、东京防卫军司令官兼东京师管区司令官饭村穰中将和高炮第一师团长金冈峣中将等人正式传达了停战的敕令。田中军司令官与高岛参谋长也是刚刚一起听到杉山第一总军司令官传达此敕令的。

"皇军决定按照圣断行事，现在没有必要再多说什么了。但是，很难预料战争结束后会引发怎样的混乱。所以，我们必须矢志不渝地维持好治安和国法。尤其是……"田中军司令官继续对森师团长说，"在这种时候很容易发生争夺陛下的举动。近卫师团的任务尤其重大。"

田中军司令官和森师团长都没有察觉自己快要火烧眉毛了。战争并没有结束，他们的战斗才刚刚开始。无论和平的滋味有多甜美，品尝这种美味的闲暇最终还是没有轮到他们身上。

从内阁会议中途退席，在海军省处理完事务的米内海相，回到官邸，径直朝洗手间走去。这时，情报局总裁下村宏的秘书官川本信也恰巧在洗手间里。他朝海相点了点头，海相却没有注意到他。身材高大、略显矮胖的海相，脸色阴沉，眼窝深陷。川本秘书官看到海相疲惫不堪的样子，心痛不已，不忍再看下去。海相不遗余力地应对国家的存亡，全然不顾生死的姿态让秘书官深感沉痛。他扭过头，转视窗外。此时，与秘书官并排上厕所的海相深深地叹了口气："唉……"

那叹息声如此豪迈，足以让川本秘书长大吃一惊，就像是从内心深处迸发出来的，没有人的叹息声能比这更洪亮了。川本秘书官的眼睛一下子变得模糊了。

川本秘书官并不知情，米内海相一回到海军省就接到令他十分震惊的报告：海军的骨干参谋中有人拒绝投降，正在暗中策划暗杀力挺投降路线的米内海相。看来海军内部也并非坚如磐石、滴水不漏。

当米内海相回到座位时，迫水书记官长按规定时间结束了自己的发言，他松了口气，心想工作可以交接了，于是带着如释重负的心情迎接海相归来。海相一坐下，马上就与身边的陆相小声说了几句话。很快，他转向书记官长，简单地说了一句："关于这一点，就按陆军大臣的意见修改。"书记官长感到十分惊愕："可是……刚才……"话没说完，就被铃木首相制止了。

"书记官长，还是照办吧。"

这是铃木首相第一次就"战势日非"还是"战局尚无好转"的争论表达自己的想法。在重大问题上，他会给足阁僚们机会，让他们畅所欲言，而自己却默不作声，只是在一旁侧起耳朵，似听非听地一直忍到最后一刻。这就是铃木的作风。明明身处风雨激荡的时代，办事须争分夺秒，雷厉风行，但首相却事事都能泰然自若，是一个彻头彻尾的倔脾气老头。不过也正是这样的首相，才是能圆满完成各项重大使命的最佳人选。

总之，诏书的最大难关终于突破了，大家决定暂时休息一会儿。身心疲惫的阁僚们一个个从椅子上站了起来。阴暗的房间，沉闷的空气，情况与昨天之前迥然不同。他们不再和时间赛跑，但受别的因素驱使，反倒似乎变得特别着急。这个因素究竟是什么呢？他们百思不得其解。

或许这就是命运吧！或许他们在与命运抗争。

黄昏终于降临，微风刮起来了。

为了换掉被汗浸湿的内衣，阿南陆相于6点40分左右返回官邸。这时，前首相东条英机大将和紧随其后的畑俊六元帅来访。东条大将就战犯问题对陆相说："一旦投降，你我肯定都会受到军事法庭的审判，到时候，我们双方彼此珍重……"说到这里，大将的眼睛闪闪发光，似乎要通过陆相的表情看透他内心深处的想法。

"那时就堂堂正正地说出大东亚战争的'意义'，坚称我们进行的是卫国战争。"①陆相就此没有发表过多的言论。

畑元帅表明了他的来意，即希望辞去元帅一职。

陆相无暇仔细考虑两位前辈的意见。眼下，他正凭借着身体和精神上的勇气，竭尽所能力挽狂澜，不让这艘下沉的小舟在最后一刻分崩离析。总之，在内阁会议上，不屈不挠的斗志必须要保持到最后一刻。眼下，作为陆军的总负责人，能做到这些就已经足够了。

---

① 大东亚战争是日本军国主义者企图灭亡亚洲各国建立东亚大帝国而发动的侵略战争，给亚洲人民带来了巨大的灾难；这是日本美化侵华战争和太平洋战争的称谓。——译者注

晚上7点至8点

荒尾军事课长："军队中没有任何内幕。"

原定于6点开始的录音计划推迟了一个小时，改到了7点。户田侍从的声音与天皇的比较相似。此时，用他读报的声音调试录音设备的工作也已完成。7点即将过去，却没有收到任何消息。录音工作人员等得不耐烦了，开始焦躁不安。他们目不转睛地盯着空旷的休息室里单调的挂钟钟摆。有什么问题吗？发生什么事了吗？每个人的心里都有种不祥的预感。大家都知道，就算去问，也没有人能回答得清楚。但即便如此，每隔10分钟或15分钟，还是有人会问："有什么问题吗？发生什么事了吗？"此时，肯定又会有人随声附和："到底是怎么了？"虽然这样的对话，无论怎么看都显得很怪异，但大家仍然不断地在重复着。

其实，他们担心的事并没有发生，可是，如果说什么都没有发生，也不确切。总之，在7点之前，向内阁会议提出的诏书草案中，将"战势日非"改成了"战局并未好转";"义命之所在"这句话，以说法比较难懂为由，最后改为了"时运之所趋";关于"朕信倚尔等忠良臣民之赤诚，朕将始终高擎神器常与尔等臣民共在"这一段，"神器"一句被删除了。因为石黑农商相发表了自己的看法："如果写上神器什么的，美占领军也许会借题发挥，钻牛角尖。"另外，应阿南陆相的要求，在这一段里加入"朕于兹得以护持国体"，于是，这一段最后就修改成"朕于兹得以护持国体，信倚尔等忠良臣民之赤诚，并常与尔等臣民同在"。

总之，在沉闷的气氛中，他们花了几个小时进行争论和妥协。最终的结果是删除23处，101个字;修改文字18处，58个字;添加新内容4处，18个字。因为这些修改、添加是经过15个男人认真讨论的结果，所以其中包含的不仅仅是是否合乎逻辑的问题。就这样，诏书修正案暂时得到了内阁会议的批准。一份用复写纸誊写的诏书成文被送到了宫内省。

奉总务局长加藤进之命，宫内省总务课员佐野惠带上毛笔和两张奉书纸①，前往宫内次官大金益次郎的房间。大金次官一看到佐野课员，马上拿出内阁送来的诏书修正案，并说："把这个写下来。"在一张红格纸上，写着黑漆漆的字："《终战诏书》如左所示。"上面还有铃木首相及各大臣的签名。佐野课员恭恭敬敬地接过诏书修正案后，将自己关在房间里，立刻开始了誊写工作。

或许是誊写时过于匆忙，在用复写纸誊写的诏书修正案里，有的

---

① 以桑科植物纤维制造的一种较厚的高级日本白纸。——译者注

地方被涂成了漆黑一团，有的地方是后添上去的，就像打在包袱上的补丁一样，有的地方是把后面添的内容涂掉后又写上新的文字。整张诏书修正案非常难以辨识，或涂或改的地方比比皆是。佐野课员小心翼翼地写着每个字，同时也时刻没有忘记大金次官所说的话："这是陛下录音的时候要念的。广播局的录音班白天就来了，一直在等这份文稿。要抓紧时间！"

与此同时，内阁理事官佐野小门太也独自躲在官房总务课长室隔壁的房间里，他也收到一份用复写纸誊写的诏书，正在专心致志地用毛笔把正式的诏书誊写在一张内阁专用的淡黄色的高级日本纸上。这份诏书添加和涂改的地方太多。天皇的御玺很大，誊写诏书时，必须要留出七行空白。不仅如此，在誊写的时候，还要准确地计算字数，在规定的地方结尾。所以，誊写诏书是一件相当困难的工作。

内阁把诏书成文送到宫中后，开始继续讨论广播的时间问题。正如大家最初设想的那样，广播的方案原计划于14日晚间进行，由于诏书措辞审议的时间过长，现在已经完全没有预告的时间了，所以只好放弃。为了随时都能应对一切可能发生的情况，广播协会方面也做好了全面停播安抚广播的准备。另一个方案是15日的上午7点进行广播。东乡外相、米内海相等人认为，还是尽早广播比较好，所以支持该方案。然而，阿南陆相主张推迟一天（16日），理由是：

"海外的大部分地区需要逐级传达，如果明天一早就广播的话，就没有足够的时间将投降的方针通知到第一线了。而且，如果允许的话，请推迟一天广播，因为我需要花时间说服出征海外的军队在敌方领土上接受解除武装。"陆相说出了自己的主张，可是东乡和米内认为要尽快通知同盟国才好，所以广播刻不容缓。意见再次出现了分歧。

总之，大家一边在争论着"时间"问题，一边又被时间追赶着，因为必须找出一个大家都认可的合适的时间。很明显，双方都没有精力再展开口若悬河的激烈争论了，现在大家的目标是找到一个双方都能认同的时间点。一旦找到了这个时间点，双方都希望尽快将其作为内阁会议的决定而确定下来。

下村总裁察觉到这个情形并加入了大家的争论之中。他指出，还是尽早广播比较好。但是，如果早上7点广播，收听率将非常低，播出效果达不到预期。特别是农民，一大早就出门耕种去了。因此，这不是一个合适的时间点。不过，如果推迟一天的话，万一发生不测，也会很危险。说完这番话之后，下村总裁总结道："由此来看，最恰当的做法是今晚做好充分的预告，然后在明天中午进行广播，那时候收听率最高。"

就这么决定了。在这种情况下，铃木首相不发言、不引导，让大家尽情争论，直到彼此满意。等大家一致赞同下村总裁的提议后，首相发言了，大意是将下村总裁的提议作为内阁会议的决定。然后又说："希望陆军大臣尽力将投降的方针传达到一线。"

陆相爽快地答应了，并表示自己会全力以赴。然而，有几位阁僚对陆相这种淡定的举动反倒起了疑心。因为，他曾那样强烈地主张推迟一天，但对下村总裁提出的折中方案却没有提出任何疑议，只是唯唯诺诺地服从了。这不禁让人怀疑陆相的内心深处该不会有什么其他图谋吧？他们担心推迟一天的背后可能隐藏着政变的计划。

陆相的只言片语立即就能让那些不了解战争和军队"力学"的文官政治家联想到疯狂、暴力、政变，这也实属无奈。陆相的强硬态度从来就不是虚张声势。他坚信哪怕是到最后的一刻，也必须要鼓舞军队的士气。只有这样，才能堂堂正正地贯彻"承诏必谨"的方针。过去的许多战史都在告诉我们：只有最强大、最精锐的部队，才能在最困难的撤退作战中，展现出一丝不乱的俨然军容。这就是军队中充满矛盾的"力学"。

不管怎样，在14日正午到15日正午这24小时里，再也没有比这晚上7点到8点之间更安静的时候了。内阁会议上不再有激烈的争论，一切事务都在顺利地处理之中。两个佐野各自在不同的地方，仔细地誊写着诏书。录音的相关工作人员接到了"诏书已到，正在誊抄"的报告。不知何故，他们急躁的情绪平静了下来。这一刻终于来到了，大家一边闲谈，一边等候着。侍从们不再急着换班，而是坐到饭桌旁，一边就餐，一边谈笑。东方军在办理完各种必要的手续和联络工作后，突然还多出了一段空白的时间。时间就这样静悄悄地到来又静悄悄地溜走。

在陆军省，军事课长荒尾兴功大佐接待了第二总军参谋白石通教中佐的来访，正在向他解释军队的真实想法。今天一大早，白石参谋陪同总军司令官畑元帅到东京参加元帅会议，预定明天一大早坐飞机返回任地广岛。为了弄清楚陆军的本意以及"承诏必谨"里是否有什么"内幕"，他在回任地之前，拜访了荒尾军事课长。白石参谋推测，如果军队隐藏了什么作战计划的话，那么最受阿南陆相信任的荒尾军事课长就应该是介入阴谋最深的人。荒尾军事课长接待了白石参谋。在白石参谋被派遣到婆罗洲的川口支队担任作战参谋时，两人曾见过一面，所以是旧识。课长深知参谋是一位意志坚定且通情达理的人。

"军队中没有任何内幕。"课长立即否定了参谋的想法。由于连日的忙碌，课长已疲惫不堪，声音变得嘶哑，全身上下疼痛难忍，似乎都能听到关节咯吱作响的声音。

"我们最终的条件是体面地讲和。一直以来，我们都以陆军大臣为中心，围绕在陆军大臣的周围，凭着坚定的决心，为此不断努力着。强烈主张本土决战，也是该努力的一个表现。我们最初的打算是在海边彻底击溃第一波来敌，让其蒙受巨大的伤亡，然后趁此机会，把敌人引导到光荣的讲和之路上来。总之，本土决战只有一次。因为解除武装之后，就不能捍卫国体了，意大利就是先例。然而，从今天早上开始的元帅会议和御前会议上都听到了陛下对捍卫国体充满信心的讲话。我们奋战的首要任务就是捍卫国体，既然陛下说了有信心，那我们就不应该再多说什么了，只需'承诏必谨'。也就是说，陆军的决定没有任何内幕。我想，现在只有省部一体，彻底贯彻以大臣为核心的大方针。"

在灯火管制下，飞虫不停地在昏暗的灯光下飞舞，令人心烦。荒尾军事课长的脸上一直保持着温和的笑容，但白石参谋却深切地感到，课长的笑容里隐藏着一股闪闪发光的昂扬斗志，但他在强迫自己心平气和地说话。他也许是在强忍着内心的遗憾吧。参谋把科长侃侃而谈的话记录了下来。

"自古以来，只有能够率领勇往直前的大部队，有条不紊地进行撤退的人才能视为名将。我想，为了能让全军团结在阿南阁下的周围，堂堂正正、有条不紊地撤退，我们幕僚必须一如既往地倾注全力。我相信这就是帝国陆军最后的荣耀所在。"

在荒尾军事课长说完话后，白石参谋依然神情紧张，他沉思良久，慢慢地答道："我彻底明白了。战也好，不战也好，拯救日本才是我们的义务。"

参谋心想，明天自己必须亲口将刚刚记录下来的军事课长的这番话传达给血气方刚的部下和疑心重重的前辈及同事们，这真是一项艰巨的任务啊。"听了您的话，我获益匪浅。"白石参谋说。"自御前会议召开以来，我都不知道反反复复说了多少遍同样的话，演讲的水平自然也有所提高了。"荒尾军事课长一边说着，一边露出了性格中极其羞怯的一面。

不要忘了，在青年军官里面，有一群人不管陆军的大方针里有无内幕，也不管天皇对捍卫国体抱有多大的信心，这一切都与他们无关。他们正打算忠实地将信念付诸实践。椎崎中佐、畑中少佐、近卫师团参谋石原贞吉少佐、古贺秀正少佐，还有最近与畑中少佐意见一致、在陆军通信学校任教的窪田兼三少佐也加入这群人当中。除此之外，在他们之中还能看到航空士官学校区队长上原重太郎大尉、在陆军士官学校任教的藤井政美大尉的身影。这些青年军官们即将实施他们最后的行动。

"只要能够留下一些种子，我们就能看到复兴的光明。"这是天皇在圣断中流露的想法，但他们不赞同。天皇在御前会议上表示："朕已将自己的命运置之度外，一心只想'拯救'万民的生命。"他们则以不胜惶恐、实不敢当为由，拒不认可天皇的这一愿望。

自日本有史以来，可能没有哪个时期像现在这样重视"国体"这个问题。不仅仅是他们，还有成千上万的国民谈论过"国体"。至于谈了几次、几十次还是几百次，答案无从得知。但是，如果仔细问一下大家对"国体"的理解，就会发现他们想到的内容千差万别，就像众人的脸一样各不相同。有时，"国体"被抽象地强调；有时，它具有更加具体的含义。但是不管怎样，"国体"二字具有非常强大的意义，这是不争的事实。对天皇所说的"将自己的命运置之度外"这句话，青年军官们表示了强烈的反对。在他们看来，天皇是人世间的神。有史以来，天皇的神性就一直存在于国民的情感之中。他们认为，不仅是国民大众，天皇本人也必须对此深思熟虑。"承诏必谨"之类的荒谬方针，无视日本的传统精神，徒有皇室的虚名而已。皇室之所以成为皇室，其原因就在于它与民族精神同生死共存亡。政府和军方的高层都在急于停战。青年军官们断言，表面上说是为了皇室的存续，但如果去探究一下这些无能执政者内心的真实想法，就会明白他们的真实意图。与其说是为了顾全国家的面子，倒不如说在面对艰苦的物质生活以及战争的恐怖时，他们除了保全自我的一己私利以外，什么都不关心。

在当下的历史进程中，圣断已下，"承诏必谨"的大方针已定，一切都已决定了。在大势已定的前提下，青年军官们开始寻找一种幻象。他们开始失去判断力和平衡感，不相信局势已陷入走投无路的绝境。即使局势已经到了最糟糕的地步，也必须要有所作为。他们悲壮地抗拒着时代的潮流，陶醉在那悲壮感之中。他们坚信，正是这种誓将国体捍卫到底的决心，才会让他们永载史册。

晚饭后到录音前，皇宫内的武官府里出现了片刻闲暇的时间。此时，石原和古贺两位参谋突然现身此处。两位参谋的出现暗示了他们是有计划的。在武官府的一间房里，侍从武官长莲沼蕃大将、侍从武官中村俊久少将、侍从武官清家武夫大佐等人正在商量着什么。此时，两位参谋进来了，大家不约而同地将怀疑的目光投向两位参谋。两位参谋冷静地问道："听说今天陛下要录音，何时开始呢？"

说完，他们又补充道，为了充分调动兵力，身为近卫师团的参谋，有必要事前了解此事。武官长和两位武官都没有回答。于是，两位参谋又进一步问道："难不成录音已经结束了？"

"没有。"清家武官回答道，"武官长和我们都只听说有录音，但对详细情况一无所知。"

这并不是不假思索的谎言，只是莫名其妙地就这样回答了而已。

其中一个参谋不肯罢休地紧紧追问："但是……"

另外一个参谋制止了他："好了，或许是真的不知道。"

两位参谋穿戴整齐，言谈举止镇定自若，他们行了一个标准的军礼后，便转身离开了。①

———————

① 侍从武官清家武夫见过两位参谋，虽然姓名未知，但几乎可以肯定二人就是古贺、石原两位参谋。他们大概是得到了录音广播的相关消息，特意赶来探听情况的吧。

晚上8点至9点

小园司令："下官坚决战斗到底。"

晚上8点，与椎崎、畑中、窪田、上原等青年军官的四处奔走活动无关，一群势力更强的军官聚集在海军航空基地周围。因为他们都无法接受投降，所以越来越团结。

在南方的拉包尔①感染过疟疾的厚木三〇二空军司令小园大佐旧病复发，当天整个下午都不得不懊恼地躺在病床上。多亏了军医长施以急救，从傍晚开始，小园司令开始退烧，到了晚上临近8点的时候，身体已经大致恢复到能穿上军装的状态了。他一起床就立即将航空队的各科（飞行、地勤、机关、军医，会计等）科长以及副长官菅原英雄中佐召集到司令部，商议面对无条件投降，厚木基地应采取什么态

① 拉包尔（rabaul）：西太平洋上俾斯麦群岛中新不列颠岛的港口城市，是巴布亚新几内亚的一个城市。这里是第二次世界大战期间美军和日军反复争夺的要地。——译者注

度，是遵命投降还是拒命战斗？小园司令在表明自己决心的同时，征求着大家的意见。

"正如我在13日晚上和阁下们商量的那样，不管今后局势如何变化，下官坚决战斗到底。希望大家自始至终，同心同德，共同进退。"

在菅原副长官的带领下，各科长也不容分说，立即同意了司令的意见。这时，其中的一位科长吐露了内心的疑惑："我们该怎样处理海军大臣发出的'承诏必谨'的命令和抗旨不遵的问题呢？"司令想，这样的疑问确实存在，必须要把这个疑问澄清，否则在今后的行动中就会有人打退堂鼓。

"现在我就来回答这个问题。下官相信，对于凡是有利于国体的行为，下官都没有抗旨不遵。"

的确，内阁会议此时已经决定停战；中央的陆海军两省、参谋本部、军令部也都制定了"承诏必谨"的方针，肃然垂首；内阁也正在迎接即将在《终战诏书》上副署这个决定性瞬间的到来，像神经一样遍布日本各地一线的陆海军将士们仍在进行着激烈残酷的战斗。尤其是陆海军航空基地因14日清晨在日本近海上空发现敌军的特遣部队打算在夜间或黎明发动猛烈的进攻，正群情激昂。在这种时刻，要让他们坦然地接受突如其来的投降的命令，是不可能的。

为准备第二天早晨的攻击，厚木基地的地勤人员和武器人员自不用说，连机关、维修、会计、看护等部门的人员都与机组人员一起，进行着出击前的准备工作。有的基地还在埋头于"准备"，有的基地早已箭在弦上，整装待发。例如，离此地不远，位于埼玉县儿玉的陆海混合第二十七飞行团基地，在晚上8点接到出击命令，机组人员正在聆听各飞行支队长的指示。另外，用陆军轰炸机改装的36架鱼雷轰炸机（携带一枚鱼雷）开始了暖机运转，巨大的轰鸣声在夜空中回荡。他们对日本投降的决定一无所知，此时正准备投身到激烈的战斗中去。这样的基地在整个日本比比皆是。

而在东京，不管一线士兵知道与否，两位佐野终于将要完成手中投降诏书的誊写工作。据说，当他们开始誊写工作的时候，天皇想把诏书浏览一遍。于是，诏书经由木户内大臣被送到天皇的手中。不久，前后做了5处修改的诏书又被送回了总务课。宫内省与内阁方面取得了联系，内阁理事官所誊写的诏书上也对这一部分进行了修改。

当天，侍从德川义宽一大早就代表天皇驱车去了鹿岛和香取两大神宫进行参拜。傍晚回来，向皇后报告完后，他很快就被卷入匆忙的停战准备工作之中。德川侍从不时前往佐野总务课员待的房间里，帮忙誊写诏书。一看到德川侍从，佐野课员心想，来得正是时候，急忙拜托道："能否帮我剪张纸，用糨糊贴在修改过的地方，在此期间，再帮我重新读一遍诏书，好吗？"然后，佐野课员又苦笑着说："诏书出现如此情况，实属罕见，但已经没有时间重写了。"

内阁方面的理事官佐野小门太也同样是用贴纸覆盖修改处，然后在上面修改的，因为这边也来不及重新誊写了。诏书共有815个字，如果重新誊写，还需要花上一个多小时的时间。这样一来，录音工作就要再往后推迟，这将给包括天皇在内的许多人带来麻烦。尤其是外务省肯定会非常着急。因为无故拖延时间，他们担心日本和平的本意将受到怀疑，盟军的态度会变得强硬。佐野他们非常清楚这一点。起初，预定在下午6点发布诏书，同时向同盟国发出"无条件接受《波茨坦公告》"的电报，而现在已经晚了两个多小时。外务次官松本俊一每隔30分钟就给内阁总务课长佐藤朝生打一次电话，不停地催促道："诏书还没有公布吗？还没有公布吗？"佐藤课长苦笑着说："真是忙得不可开交啊。"与此同时，他还继续与外务省、宫内省、内阁会议相关人员保持着联系。忙到这种程度，的确没有多余的时间重新誊写诏书了。

佐野课员将纸整齐地剪下贴好，然后在上面写上修改后的文字。在内阁会议上纠结了长达两个多小时的"战局并未好转"这句话，现在被加上了"未必"二字送了回来。①德川侍从和佐野课员都不知道这段文字曾引起过激烈的争论，所以没有什么特别的感慨。如果米内海相、阿南陆相和热血的迫水书记官长在场的话，不知道他们脸上会有什么样的表情？

誊写工作总算是结束了。这时，内阁方面突然发生了一件意想不到的大事。为慎重起见，佐野理事官校对诏书。在此过程中，他突然发出"啊"的一声惊叫，脸色顿时变得煞白。也许是被人催得太紧的缘故，在诏书行文约三分之一的地方，即"敌方最近使用残酷之炸弹"的后面本应写上"频杀无辜"，但这句话却偏偏被漏掉，直接就写了后面的"惨害所及，实难逆料"。佐野理事官在誊写诏书时漏

---

① 宫内省总务课员佐野惠作的手记《诏书誊清一事》中的确是这么写的。但在一些其他相关的记录里，"战局日非"这句最初写作"战局不利"。然后，在阿南陆相的主张下，改成了"战局并未好转"。随后，又被修改成"战局必不好转"，至此终于达成多数人的共识。

写了。

佐野理事官和佐藤课长都从未遇到过这种情况，面对意外，他们一筹莫展。但在危急存亡之际，他们迅速做出了判断：这本是一份非同寻常的诏书，在现在这种情况下，再出现非同寻常的情况，应该会得到原谅的吧！佐藤课长说："现在只有把漏掉的部分添上去了。"于是，佐野理事官亲手将漏写的几个字，以小字体从旁边插入了诏书。史无前例的诏书就这样完成了。[①]

佐藤课长向正在召开内阁会议的铃木首相递交了诏书。铃木首相决定临时休会，9点30分再继续开这冗长乏味的内阁会议。他得火速前往宫内省晋谒天皇，呈上刚写完的诏书，以便获得天皇的批准。铃木首相兴冲冲地赶到宫内省，当他看到附着一张写着"录音时天皇将要宣读"贴纸的非同寻常的诏书的那一刻，那张饱经沧桑、沟壑纵横的老脸不由得皱成了一团。就连随身秘书铃木一也弄不明白他是因奇怪而笑还是因悲哀而哭。这两份满是补丁的诏书，不知为何，又非常适合用来象征战败后的祖国。

8点30分，在木户内大臣的陪伴下，铃木首相呈上的诏书得到了天皇的批准。《终战诏书》终于完成了。

---

① 据内阁理事官佐野小门太回忆，这部分不是漏写了，而是誊清工作结束后，内阁提出这部分需要进一步修改，所以不得已添进去的。又据历史学家茶园义男调查，与其说是佐野理事官漏写了，不如说是内阁会议决定后的诏书成文在誊写的时候产生了这些错误。用复写纸誊写诏书的是迫水书记官长，在誊写的时候，他疲劳至极，身体状况非常糟糕，根本无法原封不动地誊写完诏书。当两位佐野在誊写时，有一份用作内阁会议文件的诏书被送到内阁会议室，在被传阅之际，松阪法相就发现了几处错误。

突然，木户内大臣想向手捧诏书，正准备退下的铃木首相确认一个从近卫公爵那里听到的，据称是"秘密"的消息。局势险恶，暴动随时都有可能发生，恐惧的念头时刻萦绕在木户内大臣的心头，挥之不去。从某种意义上讲，他已经做好了心理准备。但听到近卫公爵说出可能暴动的是"近卫师团"时，他很纳闷。傍晚时分，森师团长拜访了莲沼武官长，曾明确表示绝对不必担心暴动，此事木户内大臣已从莲沼武官长那里听说了，坚信只要有忠诚的师团长在，近卫师团就不会有什么鲁莽的计划。但不怕一万，就怕万一，因此他决定亲自问问铃木首相。铃木首相直截了当地否定了他的顾虑："我不知道，我没有从任何人那里听到任何消息。"然后，又轻描淡写地说了一句："近卫师团不会做出这种愚蠢的举动⋯⋯"

近卫师团是支以守卫皇宫为己任的部队。要说这支部队要对抗天皇，策划暴动，这对戎马一生的老首相来说是完全无法接受的。木户内大臣也是这么认为的。于是，他断定这只不过是近卫公爵太容易受到谣言的影响，多管闲事罢了。

但是，这既不是近卫公爵多管闲事，也不是谣传。录音工作是否已经结束？天皇何时开始广播？在哪里进行广播？对以上消息，椎崎和畑中两位年轻军官都一无所知。但在他们看来，如果让这些消息散布到全国各地，等国民都知道了天皇的想法和停战的事实，就万事俱休了。他们越这样想，就越发感到时间紧迫。"时间"这个迎来送往、让人无可奈何的怪物正在催促着他们。于是，他们决定提前实施计划。

椎崎中佐与畑中少佐开始分头尝试说服近卫师团的大队长们，

试图将他们的势力渗透到近卫师团之中。在叛乱计划的开头，他们迫不得已首先在近卫师团长森赳的名字上画下了"×"；参谋长水谷一生大佐一切听从森师团长的意见，他们在其名字上画下了"△"；古贺、石原两位参谋已经加盟，他们在其名字上画下了"○"；参谋沟口昌弘中佐正在轻井泽出差，现在无须考虑他。除此之外，再争取第一和第二团团长的同意，争取几个大队长、中队长级别的军官参加，这样一来，随着画"○"军官人数的不断增加，到时，难以对付的森师团长也只能同意该计划了。他们就是这么盘算的。在短时间内制订计划，做好准备，然后付诸实施。在这种情况下，他们想，有些疏忽和勉强也是在所难免的。

他们的活动相当活跃，没有搞阴谋般的遮遮掩掩。正因如此，近卫公爵所获得的情报是相当可信的。但是，木户内大臣却轻易地将其归咎于近卫公爵对军部的恐惧而自寻苦恼、杞人忧天；木户内大臣万万没有料到，火势竟不知不觉已经烧到了自家的屋檐上。

话虽如此，木户内大臣未曾料到脚下的火势也是情有可原的。就连正在成为阴谋中心的近卫师团步兵第二联队的曾我音吉副官也未曾料到这一点。颇费周折的诏书刚誊写完的时候，曾我副官就接到近卫师团步兵第四联队的副官打来的电话："听说皇宫中心有不安的动向，近卫师团可能要下命令。但那是个假命令。你那边有没有收到这样的消息啊？"副官心想，别开玩笑了，师团是不可能会有什么异常动静的。

趁着夜色，计划得以稳步推进。但是，这是一种抗命行为，是对国家的反叛。虽说都是政变，这次也不同于"二·二六事件"，只是针对一个政治体制进行反叛，这次反叛针对的是整个国家。他们的身后并没有别的政治体制撑腰。也就是说，没有幕后的将军，他们只不过企图赤手空拳地逆转历史的潮流，只不过想凭借视死如归的勇气来开展一个扭转乾坤的"伟大事业"。

他们制订了作战计划，即将完成第二阶段的部署。曾我副官在接到四联队副官打来的奇怪的电话之后，就进入了皇宫。当他来到二重桥旁边的卫兵司令所时，看到了三位陌生军官的身影。通常除卫兵以外，任何人都不得进入皇宫。但在晚上过了8点的时候，却有一名中佐、两名少佐轻易地进来了。副官从未遇到过这种情况。如果仔细留意的话，也许能从中嗅到些许端倪。但是，曾我副官对内阁会议的停战决定一无所知。在他眼里，与战争末期由敌人猛烈的轰炸所带来的可怕的破坏和毁灭一切的大火相比，没有什么事情值得大惊小怪。所有的日本人对异常已麻木了。

此时，《朝日新闻》的柴田记者试图在床上睡一觉，却又忍不住胡思乱想，最终还是没能睡着。于是，他又回到因暂时休会，阁僚们已散去的首相官邸。他想，《终战诏书》不久就要发表了吧？这一切真的都要结束了吗？如果战败，天皇将被流放到冲绳或其他什么地方，妇女会遭强奸，民族会被混血……这样的谣言在大街小巷不绝于耳。如果这些都是真的，那么这样苟活下去又有什么意义呢？他坐在灯光昏暗的记者俱乐部的一角，一直在全神贯注地思考着"战争"的真相。

晚上9点至10点

芳贺联队长："给我写师团命令！"

晚上9点，在最后一条报道中[1]，广播里突然播出了一个让人惊讶的预告，内容是：明天15日正午，有一个重要的广播，请全体国民届时收听。这让听众不禁浮想联翩，毕竟，只说是个重要的广播，对内容却只字未提。

与此同时，该广播草案也立即被分送到了报社。但是，报纸一般是一天两版，6点左右第一版就已经印刷，所以面对草案，报社感到十分棘手。在下午下村总裁召开的记者招待会上，公开了御前会议作出停战决定的大致情况，各大报纸现正伺机而动，只等诏书一公布，就立即用第二版来报道。柴田记者在首相官邸俱乐部里等待诏书公布的时候，耳旁传来的不是英勇的军舰进行曲和大本营的各种公告。突

---

[1] 当时称新闻为报道。另外，写这份通知的是情报局广播课的周藤二三男。

117

然，他听到有重要广播的通知。他很清楚这意味着什么。战败的伤感再次涌上心头，他不禁热泪盈眶。

在这一天，陆军省军事课长荒尾兴功大佐也数次潸然泪下。到昨天为止，访客络绎不绝，搞得他筋疲力尽。有人说要战斗到底，宣扬"神州不灭"；有人战战兢兢地询问战局的动向。然而，除了白石参谋和另外一位来客，今天没有其他人来拜访。决定停战的传闻已广为流布，如果战败，陆军便失去了利用价值。想到这一点，军事课长心里很不是滋味。他深切地感到，再也没有比人心向背更不可靠的东西了。对军事课长来说，帝国陆军最后的日子是悲惨、凄凉、令人郁闷的。市谷台笼罩在浓浓的夜色之中，万籁俱寂，就像是对外界筑起了一道屏障一样，不是吗？他想在这座寂静的城堡里好好地睡上一觉。

另外，每当各种流言蜚语传来，荒尾军事课长就会想到井田中佐和畑中少佐他们。自陛下做出圣断以来，就几乎看不到他们的身影了。他们在想什么呢？课长或多或少了解他们的想法，所以想劝他们。如果他们的行为背叛了陆军的方针，将会在国内引起极大的混乱，除了导致国家崩溃以外，不会带来任何好处。课长没有把握能说服他们，但身为井田中佐的直接上司，他有义务告诫他们不要走错路，规劝他们放弃叛乱，尤其是井田中佐本人。而他不知道的是，此时井田中佐就在附近的房间里，因心怀不满正在怄气，一心只想寻死。话虽如此，但课长也能深刻地理解他们的心情，这也让课长悲哀不已。不管年轻的军官们做什么，都不能指责他们缺乏爱国心。他们的目的显然是要拯救日本，在这一点上，大家心意相通。但他们的行为只会徒然招致流血和混乱，从而犯下弥天大罪。他骨子里的军人气

118

质缺乏变通性，两种矛盾的心情在内心深处痛苦地交织着，不容他无动于衷地将屈辱之酒一饮而尽。他发现，自己的内心深处，仍希望先给敌人以重创，然后再进行有利的讲和。尽管如此，他也毫不怀疑军人的职责就是"决定之前，尽心竭力；决定之后，绝对服从"。

此时，在冷清的陆军省内，荒尾军事课长正沉浸在各种感慨之中。此时，他从值班的士兵那里得知阿南陆相正在召唤他。于是，他穿戴整齐，挂上军刀，迅速驱车前往陆相官邸。他想当然地认为陆相应该在官邸，但他不知道就在不久前，陆相才刚返回陆军省。

陆军省内一片寂静，仿佛停战工作的任务都已完成了。事实上，上演"终战"这出大剧的舞台正从市谷台逐渐移至宫城里面。在大门和正楼的入口处都不见卫兵和警备宪兵的身影。在以军纪严谨著称的陆军省总部此刻正发生着集体逃跑这种可耻的事情。他们好像相信了"明天早晨，在东京湾外待命的盟军将会登陆，战斗即将开始"的传言。^①由于大家都惧怕战斗，说什么也不想在《终战诏书》下来之后白白送死，于是都逃跑了。陆相最担心的事终于还是在眼皮子底下发生了。

陆相面无表情地回到了自己的办公室，开始整理书桌周边的东西。秘书官林三郎大佐想要帮忙，他制止了，吩咐去叫竹下中佐过来。值班的士兵去了，但没有找到。于是，陆相就叫军事课长来。然而，此时被传唤的荒尾军事课长却正在错误地赶往官邸的路上。

---

① 该谣言是当时很多人都相信且广为传播的谣言。据说军队指导层很担心，如果盟军在停战后的一两天内登陆的话，一定会发生小规模的冲突。

在荒尾军事课长返回陆军省之前，陆相已巨细无遗地对军队做了身为陆相应该做的一切。收音机里反复地播放着明天正午天皇将广播的消息，想必前线已经收到了吧。不过，为了慎重起见，陆相还是与参谋总长联名，向前线的各队长发了如下电报：

……圣断已下。全军上下一致服从天皇的旨意，决心不辱光荣传统和赫赫功勋，以采取令我民族子孙后代不胜感佩之行动为紧要，一兵一卒断不可轻举妄动，直至最后一刻。切盼向国内外阐明皇军永恒的名誉和光荣。

……卑职们饮万斛之泪，传达此意。关于上文的诏书将于明日即十五日公布，预定正午陛下将亲自通过收音机广播此诏书，愿各位能体会陛下的良苦用心。

这是一个闷热的夜晚，室内犹如桑拿房，但陆相刮得干干净净的面庞上却不时掠过一丝凉风。窗外一片漆黑。陆军大臣阿南惟几将军写好的辞呈揣在怀里。就这样，做完该做的事情之后，在军队的名誉和希望都化为灰烬时，陆相静静地坐在牢狱般的空旷的房间里，等着荒尾军事课长的到来。58年了，他在这里历经磨砺，造就了非凡的人格。众多血气方刚的部下也曾在这里发泄愤慨、号啕痛哭。现在看来，这一切简直就像一场梦。

由于绕了远道，此时，身材魁梧的荒尾军事课长气喘吁吁地走了进来。内阁会议定于9点30分重新开始，只有几分钟的时间了。课长抬头凝视着陆相，神情肃然。

"荒尾，希望你能设法让年轻优秀的军人活下来。必须采取权宜之计，提供方便，最好让他们改变身份，成为警官什么的。"阿南陆相感觉像是从一大堆想说的事中挑选了一件。

"遵命。……那么……我们今后该怎么办才好呢？"荒尾课长问。

陆相没有回答，而是慢慢地朝窗户走去。他对自己今后该怎么做再清楚不过了。他转过头来，岔开了话题。

"即便军队不在了，日本这个国家是不会灭亡的。我们日本人是勤劳的国民啊！日本一定会复兴的。今后，你们一定要努力发挥作用啊！"

中等身材的陆相抱着雪茄盒和身材魁梧的军事课长走出房间，两人都保持着沉默，一直走到楼梯口。课长想到了陆相那句铿锵有力的话："日本这个国家是不会灭亡的。"他心怀感激，自信立刻涌上了心头。他们在楼梯口分手。"对了，给你也尝尝。"陆相说完，递给课长两支雪茄。课长连忙接了过去。陆相略带微笑，爽快地说："好了，那就再见吧……"

当陆相又连夜赶回内阁会议室的时候，在场的只有大概半数的大臣。铃木首相在桌上打开诏书，着急地等着全部阁僚到来。已准备好的砚台盒里放着崭新的毛笔。各位大臣先要在诏书上签名，然后送交印刷局，以官方公报号外的形式公布于众。至此，一切手续最终才算完成。

外务省比其他任何人都焦急地等待着这一时刻的到来。内阁的佐藤总务课长与外务省取得联系，通报了工作的进展情况——诏书等副署之后就可以发布了。在次官松本俊一的带领下，课员们已经做好万全的准备，准备把上述情况发电报给同盟国，告诉他们日本最终的答复。驻瑞士公使加濑俊一负责通知美国和中国，驻瑞典公使冈本季正负责通知苏联和英国。东京将给这两位公使拍电报。

这份重要的电报内容如下：天皇陛下已经颁布诏书，接受《波茨坦公告》各条款。

另外，当时外务省还经由瑞士政府向同盟国提出了一些日本政府的希望条款，这些条款是12日以来，陆相和两总长坚决主张的涉及武装解除和保障占领等诸条件。例如，在解除武装的问题上，可以看到"适用《陆战法规和惯例公约》（海牙第四公约）第35条，重视军人的名誉，允许带刀。我们知道同盟国方面无意强制解除武装的日本军人服劳役……"这样的措辞。虽然这些都是虚无缥缈的希望，但事到如今也没有写上的必要，但还是填了进去。

就这样，外交以及法制上的投降准备工作已全部完成。从昭和六年（1931）的"满洲事变"开始，持续了14年的战争行将结束，剩下的就是日本国民的精神问题了。不能让他们抱任何幻想，不，不应该这样做。既然是无条件投降，就不能对盟军抱任何希望。无尽的绝望将持续下去，国民将何以忍耐这一切呢？

就像政府和相关部门都已做好准备一样，椎崎中佐、畑中少佐、窪田少佐等人野心勃勃的计划也已万事俱备，只欠东风了。他们花了一个多小时说服芳贺第二连队长，最后终于得到他的同意。①为此，

---

① 在所有相关人员已故的今天，关于芳贺连队长是否同意一事，已很难判断。但

畑中少佐他们编造了谎言，说这是全体陆军团结一致，为捍卫国体而坚决要实施的计划，即近卫师团将保卫皇宫及外围，切断皇宫与外部的交通，请求天皇改变主意，免受"君侧之奸"贻误。该计划"已获得陆军大臣、参谋总长、东部军司令官和近卫师团长等人的一致同意"。芳贺连队长是一个轻信他人，容易受骗上当的人。

即便是假军令，只要能在真相查明之前让芳贺连队长同意他们的计划，那就等于他们已成功占领了皇宫。那样，即使大臣、参谋总长不同意，但只要拥戴天皇，就可号令全军，那些至今仍在去留问题上犹豫不决，不知是屈辱地生存还是光荣地死去的陆军部队，就会立即统一意志，愤然而起。到那时，大臣、参谋总长应该也不会反对了吧。然后，他们的伟大计划是再着手建立一个由陆军独揽大权的军事政府，并请求天皇更改圣断。

他们义无反顾地实施着他们的构想。但是，他们的计划有个致命的缺陷，那就是没有得到陆军大臣、东部军司令官、近卫师团长三人中任何一人的同意。这些人的同意绝对是实施该计划不可或缺的条件，也是说服芳贺连队长最有效的武器，即便是考虑到最坏的情况，近卫师团长那白纸黑字的师团命令也是绝对需要的。否则，芳贺连队长有可能随时察觉他们的阴谋。然而，这关键人物近卫师团长森赳中将却是最难对付的。此时，藤井大尉依旧犹豫不决，在谈及此事时，畑中少佐直截了当地说："到时候格杀勿论。"

是，从畑中少佐在本乡旅馆里拜访竹下中佐时的发言，以及从芳贺连队长和畑中少佐们的联盟遭到破坏来看，我认为芳贺团长是被骗而同意的看法是可信的。

见畑中少佐的态度如此坚决，藤井大尉和上原大尉信心倍增，立即答道："好的，我会的。"青年军官们充满信心。总之，一切都在按计划进行，接下来也会顺利吧，他们个个显得精神抖擞。

当曾我副官被芳贺连队长叫到司令部的时候，方才看到的那三位陌生的军官已非常从容地坐在椅子上了，军刀立在双腿之间，双手交叉放在刀柄上。曾我副官立刻感到了房间里异常紧张的气氛。连队长一看到他就说："给我写师团命令！"

写什么命令呢？虽然副官疑惑不解，但他还是默不作声地做好了准备。芳贺连队长陷入了沉思，三位年轻军官一言不发。曾我副官抬起头看着连队长，不料连队长却说："算了，不写了。辛苦你了。"副官走出房间，来到外面。怎么回事？是要开始什么行动了吗？副官百思不得其解。

快到10点，大部分阁僚终于齐聚内阁会议。铃木首相带头开始在诏书上签字副署。他将毛笔蘸满浓黑的墨汁，写下了"铃木贯太郎"五个大字。

晚上10点至11点

畑中少佐："没有杀人的决心，是不会成功的。"

内阁会议室里，阁僚们还在进行联名副署。下村总裁的秘书官川本信正在隔壁房间里等着内阁会议结束。这时，去了宫中的广播课长山岸重孝来了电话，把他叫了出去。山岸课长首先笑着在电话里传达了录音准备工作已经完成的消息："等了这么久，总算是……情况就是这样吧。"然后他声称已经和大桥广播协会会长商量过了，接着说："希望总裁也能到宫里来，列席录音现场……"

川本秘书官立即回答说，总裁现在正在内阁会议室，并表示："总之我会设法联系他，一定让他入宫。您辛苦了。"

进出内阁会议室有很严格的规矩，即使是秘书官，也不能进去。只有一位名叫柳田的老人可以出入内阁会议室，他在官邸上下人尽皆知，于是川本便托他带个纸条进去。

内阁会议室里，大臣们一个接一个地完成了副署。寂静笼罩着四周，在场的内阁成员们看上去又黯然又寒酸，与会议室内庄严和气派的布置形成鲜明对比。虽然肉体和精神都已疲倦到了极点，但当诏书传到自己面前来的时候，他们每个人都还是挺直了本已弯曲的后背，摆出一副严肃的姿态，仿佛要把全部精力投入到这剩下的唯一的工作中去。有的大臣戴上眼镜，花了很长时间把诏书看了一遍又一遍。铃木首相、米内海相和松阪法相相继签完之后，轮到阿南陆相了。这时候，房间里的气氛突然变得十分微妙。陆相稍微花了一点儿时间把有些碍事的军刀靠到旁边，然后面无表情地一口气签完了名。长期以来，陆军一直左右着日本的政治，这一瞬间，代表了陆军的卡其色的影子从政治舞台上消失。

下村总裁署完名后，因为要去录音现场，向大家辞别后就先走了。他走出内阁会议室，叫上在外边等待的川本秘书官跟着他一起。为了进宫，穿着国民服的总裁和秘书官只得一边戴着礼仪徽章一边上汽车。侧卫今野巡查坐在副驾驶席上，胸前挎着手枪，穿着便服。三人乘坐的汽车在黑暗中疾驰而去。在黑夜笼罩的火灾后的废墟中，一条隐约可见的白色小路向北延伸，因为人迹罕至，越发显得宽阔。废墟上的星空和一个月以前是一样的，和一年以前也是一样的，以后几千年也都还会是一样的吧。望着这一切，川本秘书官心想，祖国灭亡的疯狂和激动很快就会消失，然后，这一切都会被遗忘。

平静的夜晚就这样一分一秒地过去了。表面上看起来，一切好像都风平浪静。除了即将要发出接受《波茨坦公告》这一重要电报的外务省外，平时喧嚣不息的各省厅几乎不见人影，在黑夜中一片死寂。皇宫里，和录音没有关系的两位侍从武官清家和中村正要上床休息。

武官队长室旁边的房间里临时放了一张双层床，清家武官睡上边，中村武官睡下边。现在成了陆军省军务局宿舍的骏河台涩井别馆里，早早回来的竹下正彦中佐正和同事白井正辰中佐、浴宗辅中佐等人一起喝着酒。现在虽然也没有什么特别的话要边喝边谈，但大家好久没喝了，似乎觉得除了喝酒以外没有其他事可干，喝得迷迷糊糊的最好。一切都是虚无缥缈的，没有哪一天值得用喝酒来追忆，感觉就好像是一个人在荒野里蹒跚而行。明天？后天？大后天呢……中佐想不了那么远。

厚木机场这里也没有任何异常的动静。官兵们正在各自的岗位上踏踏实实地完成着交付给他们的任务。不管明天天皇广播的结果如何，小园司令都要站到全海军的前头进行指挥。此时，身在司令室里的他正对着桌子，绞尽脑汁地想着到时要对全军发布的那份电报的草稿。

"重臣阁僚被赤魔的阴谋所糊弄，颠覆圣明，滥发前所未有的御诏，实在胆大妄为。即将发出的停战命令或解除武装的命令要灭绝天皇，是大逆不道的。服从这样的命令，就是犯了同样的大逆不道的大不忠之重罪。"这样写了之后，他把自己的愤怒和悲伤都宣泄了出来。

"日本乃是神国，绝对不会失败。我们的作战部队充满必胜的信念，只要确保现状，团结一致，消灭仇敌，那我们将必胜无疑。"因为疟疾复发，他的头脑昏昏沉沉，身体也非常虚弱，但思路却如泉涌。在这样的情况下，写文章是非常累人的事。他写了一行，又划掉一行。看起来好像一直在写，实际上没写几行就停一会儿，而且停笔叹气的时间变得越来越长。在写下"必胜无疑"几个字之后，他丢下了笔，再三考虑后他又加了一句"望各位能够同意"。

即使是像他这样的猛将，也不由得感到不安。在御诏颁布之后，那些平时说话硬气的队长们会不会跟随自己，他也没有把握。只要有"大义名分"，人们总是愿意躲在其后来保护自己的。

这个时候，椎崎中佐和畑中少佐等人以性命为赌注，追求自己信念的计划终于开始走上了正轨。在过去的几个小时里，他们点起的叛乱火花四处飞溅，已经到了只要一个信号就要爆发的地步。他们没有任何畏惧，面临如此残局，还在为发动叛乱而东奔西走。这些人早就应该被逮捕，但没有任何力量约束他们，使他们得以到处自由地行动。"畑中一派好像要搞点事出来"的风声已散布得很广，上司和同事等于默认了他们的行动。实际上，大家对战争都早已绝望，但心理上都还愿意继续当一名勇敢的军人，正是这种心理让他们对畑中少佐等人的行动默认了吧！

陆军之所以强大是因为团结，一旦军人们意识到失败，意识到进一步的抵抗毫无意义的时候，他们就会被拆解成为一个个赤裸裸的个体。一旦成为赤裸裸的个体，士兵们也会无条件地投降。虽然这是毫无疑问、已经被事实证明的，但投降却深深地刺痛着他们的心。投降是对国民严重的"背叛"。在这些人眼里，椎崎中佐、畑中少佐等人的行动是惊人的，那种强韧的精神抵抗力甚至是可怕的。思考青年军官们的行动仿佛是一种对自己道德勇气的考验，令人不快，进而只能轻蔑地贬低他们的天真。很可能就是这些复杂的情绪交织在一起，使得许多军人默认了椎崎中佐、畑中少佐等人的行动。正因如此，这些狂热信徒才得以旁若无人，大摇大摆地出入陆军省的大门。

　　井田中佐这些日子一直暂住在陆军省的一间房里。10点半刚过，他刚睡下，就被椎崎中佐和畑中少佐叫了起来，这让他很愤怒，露出了不愉快的表情。他心想，自己明天就可能要死，起码今天晚上睡个好觉吧，怎么也不想想自己有多累。两位闯入者一句道歉的话也没有，直截了当地开始说事。畑中少佐吼叫着说："我们是来恳请中佐同意的。"恳请？是的，椎崎中佐在一旁补充道："白天里您拒绝了畑中少佐的请求，我们是来再次恳请您出马的。"

　　这么重大的事，畑中少佐用如聊家常的语调说："除师团长阁下，近卫师团全体人员都同意了。现在只要森阁下同意，我们立即就起义。"

　　"现在，"少佐说，"我们恳请中佐您立即同意出马。"

　　因为森师团长是少佐陆军大学时代的教官，所以他不好亲自施压。古贺参谋值得信赖，但年龄上他被当孩子看待。因此他们无论如何都想请井田中佐来扮演说客的角色。

　　井田中佐答道："即使我同意去做说客，森阁下也未必同意。要是他不同意，你们打算怎么办？"

　　"您去试试，如果师团长还是不同意的话，我们就死心了。现在不是他同意不同意的问题，是我们做不做最后努力的问题。"

　　畑中少佐向前迈了一步。在少佐严肃的目光里，井田中佐深切地明白了他们并不是出于利欲、私怨和功名心而密谋反对国家的卑鄙的反叛者。但是，参不参加他们的行动是另外一回事。井田中佐叫醒了隔壁房间的军事课员岛贯重节中佐，询问他的意见。"现在做什么都没用了，死心吧。"岛贯中佐说。他也是一位已经决定接受现实的男人。井田中佐回到房间，传达了岛贯中佐的意见，对畑中少佐说："现在，我们已经很难说服自己人了，更不用说师团长了。如果森师团长不同意，你们打算怎么办？"

椎崎中佐立刻反驳道："对于至诚通天，我们确信无疑。但是，最后……"他情不自禁地欲言又止。畑中少佐压低声音说："我想没有杀人的决心，是不会成功的。"

杀人？为什么……井田中佐想了想，问道："东部军的动向如何？"

"总之，已经去劝说军司令官了。虽然现在还是未知数，但如果近卫师团起义占领了皇宫的话，我们坚信全国各地都会跟随的。这是毋庸置疑的。"

"原来如此。从刚才我所听到的情况来看，在你们的计划中，似乎最根本的一点就是近卫师团拥立天皇，固守皇宫，可怎么才能做到这一点呢？从结论上来说，成败的关键在于师团的团结。除非师团长亲临一线进行指挥，否则这样的守城战是不可能成功的。然而刚刚又说必须杀掉师团长。你们觉得在杀掉师团长的情况下还有希望吗？那样做只会让你们的行动丧失大义，成为单纯的暴乱而已。你们的目的应该不是要引起社会动乱吧！？"

畑中少佐几乎要哭出来了，反复说："没问题，绝对没问题。请井田中佐阁下您亲自出马，如果师团长仍然无动于衷的话，我们就死心了。"

井田中佐追问道："那个时候真的能死心吗？"

畑中少佐明确表示会死心的，井田中佐也就没有再继续追问了。

井田中佐下定了决心。他知道要说服师团长几乎是不可能的，但如畑中少佐所言，事情要尽量去做才对，这也算是在回报几百万英灵吧！不能让祖国就此灭亡，必须要给她新的生命，让她复生。井田中佐心想，这下要把自己的命运赌在森师团长的回话上了。

原本竹下中佐、井田中佐、畑中少佐三人都是东大教授平泉澄博士的直系弟子，从昭和十年（1935）前后开始就一直是师兄弟关系。他们从平泉博士那儿学到的国体观是：日本的国体是自然而然形成的，是实实在在存在的。一言以蔽之，建国以来，日本君臣之分如天地般自然形成，万物皆归天皇，正确地遵守这一点即是"忠"，所以国民应该心怀感恩，懂得报恩，视天皇为"人神"，实现"一君万民"的结合。他们确信，这是日本国体精华之所在。

从这个想法来看，无条件投降的根本理由不外乎两个，一是吝惜自己生命的卖国贼的逻辑，二是越早结束战争，各方面的损失就越小的唯物主义战争观。在他们看来，战争不是只由军人，而应是由全体国民来进行的，战时必须君臣一体，战斗应该一直打到全体只剩最后一个人为止。以挽救国民生命之类的理由来决定无条件投降反而是破坏国体的行为，这才是造反。出于这个想法，他们相信只有阻止投降才是对国体最大的"忠诚"。

自9日以来，以他们三人为中心的一伙人一直都在反复讨论这个问题，他们一直在相互验证对方的想法。从这个意义上来讲，一开始，井田中佐在心理上就和畑中少佐站在一起。但他不是反叛者，也不是革命家，他是唯命是从的军人。他投入全力策划的政变是以大

臣、参谋总长、东部军司令官、近卫师团长四人一致同意为条件的，
这一点反映了他军人的性格。如今天皇已下圣断，计划只能告吹，他
也已经陷入了绝望的深渊。可是，畑中少佐站在他的面前，几乎要哭
出来似地恳求他。考虑到畑中的心情，友情和责任感又涌上心头，他
觉得不能抛弃同生共死的朋友，这些感觉逐渐地把他从绝望的深渊里
拉了出来。

"好，我知道了。我尽力而为吧！"

井田中佐以一种认命的口吻回答了畑中少佐。他不是为了当暴
徒。他必须尽早对政变成功与否做出判断，如果失败，自己要立即负
责，让他们放弃计划。这个想法也是他同意井田中佐的主要原因。

畑中少佐的表情顿时明朗了起来。他微笑的脸上充满了喜悦，被
太阳晒得漆黑的脸，显得很美的洁白的牙齿，给人留下深刻的印象。
告别前的握手很温暖，井田中佐的疲劳也逐渐消失了。他心想，要么
一个新日本自明天诞生，要么我们全都已经死去。

在他中学二三年级时读过的小说里，有一篇刊登在校友会杂志上
的小说，写得非常稚气。不知为什么，那奇怪的故事情节一直留在他
的脑海里：幕府末期，大垣藩卷入了勤王佐幕的争论之中，经过激烈
的讨论，藩内一致决定采取勤王的态度，但仍有两三名青年武士为了
报答德川家的恩情而脱离大垣藩，投靠贼军。在从陆军省去近卫师团
司令部的路上，井田中佐想起了这篇小说。当时他正和椎崎、畑中等
人并排骑着自行车，相互感觉对方是心照不宣的战友。这次离开市谷
台，就再也回不去了，这和小说中的脱藩之心是相通的吧！成为贼军
还是皇军，就听天由命吧！或许是旧了生锈的缘故，有辆车一直吱吱

作响，在深夜寂静的街区里发出刺耳的声音。

10点55分，警戒警报的笛声突然响了起来。当时，天皇正要走出御文库前去录音。在内廷厅舍的录音室（御政务室）里，从录音的准备到明天播放的安排，以下村总裁、大桥会长为中心，相关人员已做好了所有工作，只等天皇的到来。首相官邸内阁会议室里，运输大臣小日山最后在诏书上签字，快要签完的时候，警戒警报响了。

天皇毫不理会，打算往御文库外走。跟在后面的侍从入江相政不知道敌人是以哪里为目标，担心有危险，连忙劝阻了天皇。天皇止步了。

事实上，8月13日以来，绰号"蛮牛"的哈尔西将军指挥的美国特遣部队一直在日本近海出没，为应对日本不投降做准备。由于尚未收到日本政府的投降通知，他们按照15日凌晨发动进攻的计划，于14日午夜开始向房总半岛海岸的起飞点进发。

另外，马里亚纳基地的250架B-29轰炸机也好像前来督促日本投降一般，正在空中接近日本。他们设定了高崎、熊谷、小田原、秋田等多个目标，并准备对其进行分散攻击。这些飞机已经进入太平洋上空的警戒区。

得知敌人有如此大的举动，海军总队司令部立即给日本本土和周边全部发出了警戒警报，特别给在九州岛的第五航空舰队司令部发出了"敌人即将登陆本土"的紧急警报。五航舰长官宇垣缠中将在日记里写道："周遭有敌机来犯，欲在提议我军归降之际，乘机以虚势从四周施压。彼望以此来压迫我军屈服。"字里行间显示出他的斗志依旧旺盛。

如果历史可以假设，比如说：如果诏书字句的审议时间再拖长一点，井田中佐再早一点同意参加政变，敌军B-29编队把东京锁定为攻击目标……那会产生怎样的结果？接下来会发生什么？谁也不能预料，因为分秒之差就会造成巨大的差异。各种事情微妙地交织在一起，犹如要和"时间"赛跑似的，又都聚集到了一个地方。眼下，"终战长剧"的舞台转移到了皇宫。我们的视线从陆军省转到首相官邸，现在又必须转移到皇宫里了。到目前为止，剧情发展得很慢，但从这一刻开始，剧情就要加速展开了。

晚上11点至12点

东乡外相："无论如何，一切都平安结束了。"

通过电话，外务次官松本俊一得知佐藤内阁总务课长为了正式颁布《终战诏书》而进了内阁会议室的消息后，立即命令大江电信课长给联合国发送了最后答复。这样，日本投降就定下来了。在内阁成员们副署的同时，田畑喜代子又复制了一份御诏副本。一般这是转交给官报课长的，但此时情势紧急，内容重要，所以佐藤总务课长把官报课长叫了过来，自己亲手把诏书交给了他。由于无法印刷，事实上并没有发行官报。但记录上，诏书是在官报的号外上发布的。

自9日以来，内阁大臣们一直在反复讨论这个问题。现在，他们都觉得事情告一段落了。大家身心俱疲，满脸油汗。他们比谁都先知道大日本帝国就此完结了，从现在开始，日本在政治、经济等所有方面都要被迫纳入同盟国的"管理之下"。今后，他们的命运是黯淡不确定的。他们必须考虑日本有史以来首次遭受失败的意义。

但不管怎么说，一切终于结束了。他们既不知道接下来会发生什么，也不知道同盟国会采取怎样的行动，唯独很清楚自己必须要做什么。包括铃木首相在内的许多内阁成员考虑的是"辞职"。这意味着既对战败负责，又要交接，把一切都交给接下来的"新"日本。

阿南陆相要做的事稍有不同。他佩好军刀、理好军服，走到了感慨万分的东乡外相身边。他摆正姿势，上半身倾斜十五度，鞠躬敬礼之后，说："刚才拜读了外务省的方案①，里面有我方向同盟国提出的关于保障占领和解除军队武装问题的希望条款，对此我深表感谢。早知能这样，在御前会议上就没必要那么强硬地要求了。"

东乡外相苦笑了一下。在这个问题上，陆相和外相一直争执不下，陆相主张以附加条件的形式向同盟国提条款，而外相持反对意见，指出"作为希望"可以，但作为附加条件的话，好不容易进行的谈判可能因此而破裂。外相用讽刺的口吻答道："不，即使'作为希望'提出来，外务省也没有异议。关于这一点我应该解释过很多次了……"

阿南陆相再次郑重地鞠躬行了个礼，然后说："一直以来，承蒙您多多关照。"外相有些惊讶，他连忙回了礼，说："无论如何，一切都平安结束了，这是最好的。"他只能这么说了。两位英雄相笑而

---

① 在发出"接受《波茨坦公告》"电报的同时，外务省安东义良擅自根据军方要求，提出了一些希望，比如盟军能预告进驻时间，维护军人的荣誉，让他们自行解除武装。根据安东的手记，当时提要求的是"军务局代表永井少将等几个人"。但当时，军务课长永井八重少将因空袭负伤，吉本重章大佐在一个月之前就取代他了，所以安东的记录可能有误。

别，虽然此生未再见面，但到最后两人都是好对手。

陆相还必须去和另外几个人告别。他把特意从自己在陆军省的办公室带来的雪茄夹在腋下，靴声橐橐地大步走向首相办公室。首相办公室和内阁会议室就隔着一个房间。房间里，首相、书记官长、秘书官们相对而坐，气氛十分宁静。首相那张有些显得滑稽的老脸下面隐藏着深深的疲劳感和虚脱感，仿佛在追忆着失去的漫长岁月。迫水书记官长在一旁潸然泪下。时至今日，他们将全部精力都投入了"结束战争"的工作之中，可转瞬间一切都已顺利结束，大家都有一种虚脱感。但是，觉得自己做得还不错的自豪感也在内心深处静静地流淌着。他们所有人都安静且彬彬有礼地坐着，仿佛成了房间里的一件摆设。

佩着军刀、戴着白手套的陆相走了进来，打招呼说："失礼了。"他走到首相跟前，站直身子，平静地张口说："自从讨论停战工作以来，我身为陆军意志的代表，一直提出了很多强硬的意见，给首相添了很多麻烦，我谨在此向您表示歉意。我的本意是想要辅助首相，但反而带来对立，作为内阁成员，实在是考虑不周。我的本意只有一点，即捍卫国体，此外并无他意。这一点请理解。"

不知什么时候，首相已离开了椅子。陆相的话掷地有声、余音缭绕。他的眼睛里闪烁着真挚的光芒。首相扬了扬长长的眉毛，像看待自己孩子一样，凝神盯着面容紧张的陆相，把手放到了他的肩上。

"我很清楚这一点。我才要从内心感谢你率直的意见。那些话都是出于对国家的热爱啊！"

陆相深深地点了点头，那样子不禁让人想到天真的孩子。

"但是，阿南君，"首相接着说，"日本的皇室绝对是安泰的，不会有什么变化。毕竟，当今陛下对春秋两次的祭祖还那么热心……"

"我也这么认为。"陆相悲伤地回答道。

"而且，我对日本的未来也不是一味地持悲观态度。"

陆相用力地点了点头："我完全同意。我坚信日本一定会君臣一体，实现复兴的。"

两位大臣沉默着相互凝视了一会儿，然后陆相把夹在腋下用报纸包着的雪茄拿了出来，说："这是从南方前线送来的，我不会抽，就把它带来了，希望首相您能笑纳。"他把雪茄放到了首相桌子边上。

陆相敬了一个礼，静静地离开了。书记官长把他送到大门口，回到首相办公室时，铃木首相说："阿南君是来辞别的啊。"

陆相的身影瞬间就消失在了黑暗里。书记官长回想起他那结实的背影，感觉到自己体内流出了一股湿热的东西。

陆相的汽车在夜幕里行驶过一片被火烧光的原野，回到了位于三宅坂的陆相官邸。同车的秘书官林三郎大佐在门口把两张白纸递给了他，这是陆相在内阁会议开始之前让他准备的。在这时，如果没有特别准备，连白纸都不能弄到手了。林秘书官刚刚离去，家里的女佣立即问道："平时的注射，现在打吗？"陆相愣了一下，苦笑着点了一下头，像是在说"嗯"。陆相每天晚上都要注射维生素来缓解疲劳。

内阁会议结束了，天皇的录音即将开始。11点25分，阿南陆相的汽车抵达官邸，此时穿着陆军大元帅军服的天皇带着侍从入江相政从御文库坐车出发，来到了御政务室。警报还没有解除，但这之前，宫内省防空课长松冈进次郎向东部军核实了敌机的情况，东部军防空负责人藤井恒男中尉回答"没有飞往东京的迹象"，于是决定强行继续录音。

百叶窗紧贴着建筑物的窗户，外面看不到里面的灯光，所以尽管是在空袭警报中，房间里还是灯火通明。立式话筒摆放在明亮的御政务室正中央，两屏绣有狮子刺绣的金屏风围在两边。石渡宫相和藤田侍从长站在窗下，下村总裁等人站在走廊边，众人一起迎接天皇。藤田侍从长知道天皇在御文库练习过宣读诏书，想到天皇没日没夜的操劳，他一心祈祷一切可以顺利结束。

宫内大臣石渡庄太郎的心中又别有一番感慨。他既喜悦，又惊讶：时至今日，竟然一切顺利。回想起8月12日，天皇突然提出要见皇太后的事，石渡宫相心潮澎湃。那时天皇说："我希望能讲和停战，现在再做努力，但不知道能不能成功。所以，说不定这是最后一次见太后了。我想见太后一面，亲自向她道别。"连天皇对能否实现和平都没有确定的把握。由于担心军方会采取强硬的行动而面临最坏的情况，天皇为此做好了殊死一搏的准备。

的确，包括天皇在内的每个人都做好了誓死奋战的准备，而且熬到了今天，太不容易了。对于石渡宫相来说，"能到今天实属不易啊"这番感慨，可以说是一种情感的自然流露吧。

随即天皇在三井安弥、户田康英两名侍从的陪同下进入房间。当看到军装打扮的天皇时，站在隔壁房间角落里的川本秘书官情不自禁地伸直了身体，出于本能，深深地低下了头。三井、户田两位侍从站在走廊的门边。在墙的另一边，隔壁房间的录音相关人员也在以最高礼仪迎接天皇。这些人是：情报局的加藤第一部长、山岸广播课长，广播协会的大桥会长、荒川局长、矢部局长、近藤副部长、长友技师，宫内省的笕庶务课长以及春名、村上、玉虫等技术部员。攒动的人头和紧闭的百叶窗使房间里闷热无比，但人们都紧张得忘了炎热。

天皇问道："用什么样的声音才好呢？"

下村总裁回答说："用平常的声音就可以了。"荒川局长站在隔壁房间的门旁，从那里，他可以清楚地看到下村总裁。下村总裁朝天皇迈进一步，恭敬地向前伸出戴着白手套的手，鞠了一躬。这白手套是信号，荒川局长立即向技术员们使了一个眼色，录音开始了。

"朕深忧世界之大势与帝国之现状……"

天皇宣读完诏书。长友和村上进行调整，春名和玉虫刻盘①，在技术人员的安排上是万无一失的。随着录音盘上的切刀静静地转动，天皇低沉的声音被刻入盘中。从藤田侍从长、下村总裁到川本秘书官，大家都聚精会神，听着每一个字。在这里，除了天皇的声音，没有任何声响。外边是大内山沉寂的夜晚。

"朕亦深知尔等臣民之衷情。然时运之所趋，朕欲忍其所难忍，耐其所难耐，以为万世之太平计耳……"

众人的脸上都涕泪交流，咬着牙强忍着呜咽。

5分钟左右，录音就完了。天皇问道："效果怎么样？"笕庶务课长小声问长友技师，长友技师也小声回答说："技术上没有问题，但是有几处听不清楚。"天皇也主动对下村总裁说："刚才声音偏

---

① 在录音盘上刻音沟。——译者注

低，好像不太好，再来一次吧。"

在同样的信号指示下，录音再次开始了。天皇声音高了一些，用其独特的语调朗读了诏书，或许是因为有些紧张，文中的一个接续词漏掉了一个字。侍立在旁的人们都非常紧张，一个个都满头大汗。他们感慨万千，眼睛又发红了。第二次录音结束的时候，加藤第一部长清楚地看到天皇的眼里也含着泪水。

天皇又说："我可以再朗读一遍。"

笕庶务课长立即询问长友技师，长友答道："这次可以了。"课长本来问的是：再来一次录音的准备怎么样。长友却误以为是问：刚才录音的结果怎么样了。两个人都面红耳赤，脑筋变得十分死板。他们相互都以为自己明白了对方的意思。

但是，考虑到天皇已经身心疲惫，实在不敢再让天皇录第三次了。下村总裁、石渡宫相、藤田侍从长也都反对第三次录音。11点50分，投降准备工作的第一步就这样顺利完成了。

天皇再次带着入江侍从回了御文库。来回的路上，天皇一言不发，只是默默地背靠着靠垫，闭着眼睛。看着此番情景，入江侍从体会到了天皇内心的痛苦。

同一时间，在近卫师团的参谋室里，井田、椎崎、畑中、窪田等政变策划者或多或少带着期待的焦躁，或踩着军靴、发出响声走来走去；或从椅子上站起来又坐下去。井田中佐和近卫师团参谋古贺少佐是初次见面。另外，参谋室里还有上原重太郎大尉和藤井政美大尉，畑中少佐把他们介绍给了大家。现在，核心人物都聚齐了。他们一直打算实施一项既偏激又险峻的计划。古贺参谋、石原参谋两人在逐条检讨计划的文案，调整兵力部署，同时和统领各部署的大队长级别的同志们保持着联络。井田、椎崎、畑中等人的任务是说服近卫师团长森赳中将。而当劝说失败时，他们的既定政策是——"杀"。

不巧的是，森师团长正在接见来客，他们已经等了近一个钟头了。畑中少佐似乎坐立不安，把桌上的文件一阵乱翻，之后一下子停了下来，然后拿起来又一阵乱翻。就这样，房间里交替着欲言又止的对话和紧张而漫长的沉默。

井田中佐心想，眼前的这些男人都相信这次起义能成功吗？这些人是否只是被有着强大行动力的纯真男儿的热忱所吸引，只能通过不被认同的力量结合在一起呢？对美好未来的展望也没有达成共识吧？大家一心只想着占领皇宫这个当前的目标了，几乎没有考虑接下来会发生什么。大家只想着走"光荣赴死"这一条路！？

同样想着走"光荣赴死"这条路的人还有厚木三〇二航空队的人。在天皇第一次录音开始的时候，这里的全体官兵被召集到了司令室。司令小园大佐在这里向大家传达了一个让所有人悲愤不已的消息：日本决定接受《波茨坦公告》，无条件投降。刹那间，血气方刚的年轻士官们都沉默无言，但马上就异口同声地问道："司令的本心为何？"小园司令非常激动地叫道："我要玷污司令的职责，厚木航空队绝不会投降。现在，高座工厂已经把生产机器都转移到了地下，做好了打持久战的准备。粮食足够维持两年，即便被全体海军抛弃而孤立无援，或一时被冠以逆臣的污名，我们也决不能赞同无条件投降。投降是玷污国体，违反传统的。"

士官们的热情被激发了。即便这是叛乱，对背负着死亡十字架的人来说，还有别的选择吗？……这样，在厚木基地这里，全军一致、毫不犹豫地开始了据守到底的战斗准备。就让我们和这位司令一起，一起死在同一面旗帜下吧。

还有其他人也沉醉于这种不被认同的力量之中。东京警备军横滨警备队长佐佐木武雄大尉也是其中之一。他也是不相信战败，不肯投降的人。不管有什么情报传进来，他一律不信。在他们的词典里，没有"投降"这两个字，战争不能靠盘算而要靠坚强的意志来完成。哪怕只剩下一兵一卒，他也要坚持战斗的绝对希望。而且在亚洲还有帝国的陆军，盟军的俘虏还有35万人，要付出同等的代价，对盟军来说，难道不是很不划算吗？太过强烈的信念让佐佐木大尉产生了一个不切实际的想法，那就是将那些正在策划无条件投降的懦弱的首相和其他内阁重臣全部干掉。

他前往位于鹤见总持寺后面的警备队总部，那里常驻着一个大队。他强烈地想去那里发出疾呼，号召他们紧急集合，武装起来，今晚就去袭击首相，阻止投降。

这三组人在相互毫无联系的情况下，想当然地制定了各自的目标并实施了行动。他们的意志如同行将喷出的熔浆，然而幸运的是，他们不在同一个火山带上。要是他们联合起来，在同一个大战略下展开行动，日本还真不一定能结束战争。不过……现在不是考虑这个问题的时候。

15日零点至凌晨1点

佐佐木大尉："你们还算是男人吗？"

　　子夜零点，整个东部军管区都发出了空袭警报。对这断断续续的警报声，市民们本已司空见惯，但原子弹的出现导致这警报声给大家带来了另一种恐惧。可是在陆军省里，荒尾军事课长却心想，要是能在今晚死掉，反倒如愿以偿了。他非常平静，正打算睡觉。

　　在埼玉县的儿玉基地，第二十七飞行团的36架主力战机已经准备就绪，在防空警报的鸣笛声中，准备猛烈攻击游弋在房总海岸的敌方特遣部队。飞行团长野中俊雄少将满怀期待地注视着准备工作的进展。其实战争已于午夜11点结束了，但前线的指挥官当然不可能知道，现在他还在把自己宠爱的部下推向死亡的深渊，期待着他们能在此时把平时强力训练的成果都展现出来。儿玉町的居民得知陆军飞行部队要起飞出击的消息后，纷纷举着太阳旗聚集到机场来了。居民们不可能知道投降的事，他们只是一味相信会有"神风"相助。

　　东京已完全被黑暗所笼罩，一片静寂。零点5分的夜色中，天皇再次回到了御文库。在这战争结束之夜，入江侍从当然一点儿也没想到还会发生什么事。他告诉天皇，如果有事发生，他将立即禀报。天皇点了点头，进了里间。

相关人员聚在宫内省内廷厅舍的御政务室里，正在试听刚刚录好的天皇讲话的录音。窗户外的百叶窗全都关得严严实实的，所以尽管空袭警报尚未解除，这个房间的电灯还是照常开着。录音听完之后，长友技师对筧庶务课长说这张录音盘不太好，想在播放的时候使用没针的那张，表明了想用最初录的那张录音盘进行播放的想法。

录音盘有两组，一组两张，录音负责人分别把它们装进了两个罐子里。长友技师担心罐子的盖儿会掉，便通过荒川局长问筧庶务课长有没有更合适的容器。筧课长绞尽脑汁，想不出什么容器合适，最后找来两个用于装防空服的、45厘米左右的方形卡其布袋，装录音盘正好。这样，长友技师便把录音盘交到了荒川局长手中。

荒川局长拿着录音盘，也不知如何是好。广播预定在正午播送，在那之前，在哪里保管这两个重要的袋子好呢？从某种意义上说，日本的命运就在这装着录音盘的布袋里了。

相关人员聚集在会见厅前面的侍从室（也叫常侍官候所）里，大家一起商量这个问题。宫内省的筧庶务课长等人认为应由广播局保管，广播局的人却说："有传言说有一批陆军已经开始骚动，如果是真的，广播局就更危险了，还不如把它们放在宫内省里更安全。"他们认为深夜把录音盘带回去太冒险。听完此言，宫内省也觉得有道理。于是，装着命运的布袋从荒川局长传到了矢部局长，然后又传到筧庶务课长手里。筧课长接是接过来了，但也感到为难，因为在宫内省庶务课里也想不到合适的保管场所。看到在场的天皇侍从德川义宽和户田康英，他便将此保管重任委托给了他们。德川爽快地答应了，轻松地从笕课长手里接过了录音盘。

就这样，录音盘从一个人手里辗转到了另外一个人手里。这里我们可以进行设想，如果按最初的想法，由广播局或情报局的人来保管的话，两组录音盘有可能都会落入叛军之手。如果由笕课长放入宫内省庶务课事务室的保险箱里，那么之后在士兵们彻底搜索的时候，一定也会被发现。德川侍从是侍从中最大胆、最磊落的人物。为了能平静地结束战争，录音带能够传到他的手中，实属万幸。不过，当时在场的人没想那么多，只是觉得天皇身边常年的侍从最适合担任保管任务，事实证明，这想法是对的。

德川侍从随即就把两个布袋拿进陛下的皇后宫事务所，放入了杂物柜旁装文件的小型保险箱里。天皇的东西很少这样放在这里，但德川侍从也没太在意，他心想，反正明天早上就要拿走的。不过，他还是小心地锁上了锁，并且把一大堆文件放在门前，以免被人发现。

下村总裁看到录音盘已经交到德川侍从手中后，拿起电话接通了首相官邸。得知铃木首相已回了私邸，他只好把当时正在举行记者招待会的迫水书记官长叫了出来："录音顺利结束了，这就没什么了吧？"

迫水书记官长也心想：真的就这样结束了吗？什么事都没发生？不，能平安结束就很好了……他放下话筒，回到了记者招待会上。因为空袭警报尚未解除，所以这天的记者招待会是在官邸的地下防空洞里举行的。在走下螺旋形楼梯的过程中，书记官长缓慢而深沉地呼吸了好几次。他非常恼怒于自己的身体，因为疲惫的双腿不中用，如果不调整呼吸和保持身体平衡的话，自己简直就下不了楼梯了。

内阁发放的诏书复印件上的内容太难了，柴田记者发现只看一遍根本不进脑子，所以反复看了好几遍。他觉得这张纸里似乎蕴含着日本复兴所需要的复原力。诏书似乎在告诉大家：不要因为承受了席卷全国的厄运而感到绝望。

迫水书记官长再三叮嘱记者们，隔天正午的"玉音放送"结束之前，无论如何也不能在早报里透露消息。不只是迫水书记官长，马场情报官也提醒了近20名驻官邸的记者。他告诉他们，如果在广播之前就见诸报端，一部分不安分的陆海军分子不知道会做出什么样的暴行。虽然早报要推延到中午之后才能发行，这一点有失体统，但记者们还是答应了。

迫水书记官长听说了一个令人不安的谣言：在鹤见，东京警备军横滨警备队长佐佐木武雄大尉已经开始采取行动，要独自完成袭击要人们的构想。实际上这不仅仅是风声。在宫中，录音盘已在小型保险箱中放好，因为在空袭警报中回去很危险，录音相关人员和侍从们就在常侍官候所和事务室里闲聊。与此同时，佐佐木大尉正在与紧急召集过来的自己大队的四个中队长进行激烈的辩论。

中队长们坚持认为，如果是司令部设在涩谷的直属东京警备军第三旅团长原田督少将的命令，他们就执行，但如果是佐佐木大尉的单独命令，尤其是袭击要人这样的暴动性命令，他们是不能服从的。他们礼貌而坚决地重申了上述观点。佐佐木大尉叹了口气。他觉得这些蠢货还没意识到事态的严重性，但也没有时间苦口婆心地向他们说明现在投降并不是真正的忠诚。

"帝国就要灭亡了，你们为什么不挺身而出？你们还算是男人吗？"佐佐木大尉吼叫起来。

中队长们面不改色，斩钉截铁地说："您说什么都没用。"

佐佐木大尉的眼睛里充满了怒火："保卫国家，发扬皇威，这不是陆军军人的使命吗？"

"但是，没有旅团长的命令，我们是不会行动的。"回应他的还是冷冰冰的回答。原来原田旅团长早知道佐佐木大尉的思想与性格过于偏激，担心他会搞出什么事来，所以早就给中队长们下了指示。对此事一无所知的大尉当然非常愤怒。

"行，你们不动也行。但是，不要妨碍我办事！"

当时，在另一个焦点场所近卫师团里，一场安静的讨论正在进行着。井田中佐和椎崎中佐坐在森师团长的对面，第二总军参谋白石通教中佐守在森师团长的身后。在黄昏时，白石参谋见过荒尾军事课长，得知"军方的决定没有任何内幕"后，他放下心来，利用明天清晨出发前的时间和前辈朋友们畅谈，最后来到姐夫森师团长这里。

让井田中佐等人在参谋室里等候多时的客人就是白石参谋。听着两人的欢谈声，畑中少佐忍不住了："再不快点，就没有时间了。"他好几次通过副官川崎嘉信中尉要求强行会面，好不容易得到回复说让他零点30分左右进去。青年军官们摩肩接踵地走过狭窄的走廊，到了师团长室的门前。不知想到了什么，畑中少佐忽然对井田中佐说："啊，我还有点别的事。"说完他就和窪田少佐一起走了。井田中佐瞬间觉得自己好像被少佐骗了。

　　森师团长大概猜到了他们深夜来访的意图，拦住一坐下就要说话的井田中佐，泰然自若地谈起了自己的人生观。两名中佐内心焦躁不安，气呼呼地听着。森师团长提高音量，似乎要用先发制人的言论来挫灭青年军官们的意图。趁森师团长话语中断的时候，井田中佐好几次要开口表达自己来访的意图，但森师团长总是说："哎，等一下。"10分钟、20分钟就这样过去了。

　　与此同时，声称自己有事而离开的畑中少佐到了骏河台的涩井别馆，也就是陆军省军务局宿舍。他找到了已经入睡的竹下中佐，强调计划到目前为止都进行得很顺利，似乎已经在兴奋和焦躁中迷失了自我。他嘴里说着请竹下中佐共同起义造反，言语之中却又显得共同起义造反是理所当然的事。

　　"近步二①已经举着军旗进了皇宫。他们会在凌晨2点起义，占领皇宫后就会固守此地。近步二联队长和另外的四大队长都同意了我们的计划。事已至此，接下来就没问题了。一切都会顺利进行的。"

　　畑中少佐强烈的呼吁声多少打动了竹下中佐的心，这是因为竹下出身于近卫师团，并且刚进入皇宫时曾是第二联队的联队旗手。竹下想起了有着光荣传统的联队旗，想到了那份荣耀。自己钟爱的军旗，曾经比自己性命都更重要、更珍贵，如今在战败的日本的最前线飘扬着。

　　"现在，只有森师团长还不同意，我们正在说服他。我们确信能得到他的支持，这只是个时间问题。等到2点，我们就起义，请同意

---

① 近卫步兵第二联队。——译者注

吧。起义后，我们将开辟出一条新的道路。"

在"承诏必谨"的大政方针定下之后，竹下中佐渐渐地感觉自己已经从剧中人转为局外人了。但在当下这一瞬间，他又感觉到自己再次成了剧中的主角。对于这样的转变，他有些不知所措。难道时间的流逝不能让我在悲伤的沉默中入睡吗？但是，当他冷静下来，思考这个问题时，他突然想到，在这个时候，他之所以对实施这个计划犹豫不决，是不是因为自己还不够坚强到足以负起即使背负污名都要继续进行战争的责任呢？又或者是出于悲悯，难道自己是这样一个无情的男人，无情到要眼睁睁地看着这些曾经心意相投的战友就这样一个个地死去吗？竹下中佐的心在这两个极端中摇摆不定，难以平静。

"我们应该承认大势已去了吧。大臣、参谋总长、东部军司令官、近卫师团长这四个人意志的统一是我们策划政变计划的重要条件，现在这个条件已经荡然无存。事已至此，再做什么都无济于事了。"竹下中佐虽然这样说，但他的内心依然进行着激烈的斗争。

畑中少佐激动起来，他开始倾诉自己的想法："现在正是官兵们犹豫不决的时候，如果我们这些中坚力量能够沉住气，做出决断，果断行事的话，全军一定会站起来的。我们应该站在队伍的最前列，去开辟决断之路。忠勇的帝国陆军官兵们是不会在非常时刻袖手旁观的。"

"但是，话虽如此，阿南大臣也可能不支持呀。如果是这样的话，到时候怎么办？"

面对中佐这带点儿刁难的问题，畑中少佐越发激动："所以我们才来拜托中佐您啊。"

"全军一定会跟随我们起义的，到那时候，大臣只要坐上我们抬的大轿就可以了。我们想请求您去说服大臣。除了中佐您以外，没有人能说服得了他。"

竹下中佐无言以对，陷入了自问自答的深思之中。他能感受到内心深处激烈的斗争蔓延全身。看着畑中少佐的脸，他不能无情地一口拒绝。也许现在是做最后决定的时候了，甚至连忘掉一切，置身事外，只想去睡一觉的想法也必须抛弃了吧。竹下中佐抬起了头，决定不管怎样，先去见了大臣再说。

"没时间了，我要回近卫师团了。事已至此，哪怕是一个人，我也一定要干到底。我并不是要您现在马上就同意我，只想如果计划进展顺利，到时候请您一定要站出来。"

畑中少佐连忙站了起来："我也去大臣那儿试试。"

竹下中佐决定把自己的命运押在阿南陆相身上，就像井田中佐要把命运押在森师团长的回答上一样。畑中目不转睛地看着竹下的脸，沉默不语，但喜悦的情绪很快就涌上了心头。畑中发自内心地大笑了起来，仿佛他一生的喜悦都集中在这一瞬间。接着，他的眼睛湿润了，似乎要哭出来。竹下中佐打破了沉默："你要走了吧，我也一起走。"

此时，在近卫师团长室里，井田中佐找到了说话的机会，正在和森师团长进行着平静的议论。中佐将毕生的热情转化为一字一语，向师团长倾诉了他们对捍卫国体这个问题的考虑。把天皇视为人神，实现一君万民的结合，这是正确的国家体制，也可以说是一种国民信仰，必须捍卫它。"然而，政府的投降主义却提出只要能在形式上保留皇室就行，在这问题上我们持反对意见。皇室之所以是皇室，是因为它和民族精神同在，而不只是形式。阁下、形同虚设的皇室、胆小的国民还有只要能保住国土就好的'政府的国体捍卫'，说到底不过是借用皇室名义保全自己而已。这一点我们应该看清楚。"

但对于森师团长而言，天皇的话是绝对的。

"既然天皇已下圣断，那不管道理如何，我就绝对不能容许与陛下意志相反的行动。奉陛下的命令进行战斗和撤退，这是近卫师团的本分和责任。"

师团长岿然不动地说，近卫兵的任务是保卫皇宫，即使是有陆相或参谋总长的命令，也绝不能占领皇宫，将其卷入混乱的漩涡。森师团长从现实的角度否决了占领皇宫的计划，而井田中佐从观念的角度解释了为什么必须起义。换句话说，师团长讲的是原则论，而中佐讲的是情感论，两人的意见始终未能达成共识。

在参谋室里，窪田少佐和上原、藤井两位大尉如释重负地迎接了回来的畑中少佐。他们一点儿也不知道在师团长室里正进行着怎样的交谈，只能继续漫长的等待。

就在那时，旁边的参谋部事务室的紧急电话响了起来。大家面面相觑，不知发生了什么事情。但不可能有什么事情发生，如果有什么事情发生的话，那只能是他们即将要做的事。电话一直响个不停，却没有人接。藤井大尉站起来离开参谋室，走到隔壁，拿起了话筒。传来了近步二联队第三大队队长佐藤好弘少佐激动的声音："现在，监禁宫内省和广播局的人手是不够的，快派谁过来。"

藤井大尉答道："除了我们，没有其他人。"身为陆军士官学校同学的佐藤少佐干脆地说："你也可以，赶快过来。"

藤井大尉向畑中少佐汇报了这个情况，在得到了许可之后，他借了顶近卫师团的帽子戴上，出了师团司令部的门。这时已经快凌晨1点了。藤井大尉慌忙地朝黑漆漆的伫立在皇宫正面的乾门走去，却没想到这个偶然的巧合让自己远离了叛乱。

那个时候，在师团长室里，井田中佐满头是汗，还在继续着说服工作。说的一方和听的一方都睁大了双眼，好像在竞争谁更认真。

"南美的小国巴拉圭，在5年的战争中一直打到人口失去八成；芬兰如此，中国也如此。我认为，如果只有我们国家，虽自负为神州正气之民，却不进行本土决战就投降，那只能说也太过于会盘算了。我认为像这样半途而废地停止战斗，欺骗特攻队员玉碎而去的英灵，没有比这更无耻的行为了……阁下，我什么也不再说了。我们要奋起夺回美丽的日本精神。在这种时候，近卫师团正应当起中心作用。请阁下作出决断。"

井田中佐把该讲的话都讲完了，他凝视着森师团长，等着他的回答。经过几十分钟激烈的争论，中佐的汗水从脖子流到了前胸后背，身上的军服好像刚从水里拎出来一样，湿淋淋的，紧紧地黏在背上。森师团长本来已换上了夏季室内便服，麻布似的衣服看上去很凉快。但此时他的脖子和额头也布满了亮晶晶的汗珠。房间里持续了一阵子令人压抑的沉默和静寂。

153

凌晨1点至2点

高岛参谋长："你想要东部军做什么呢？"

终于，森师团长开口打破了房间里凝重的气氛。

"诸位的意思，我都明白了。坦率地讲，我也很佩服诸位。作为一个真正的日本人，我现在就想跪在明治神宫，请示神灵，帮我做出最后的裁断。"

这一番话正中井田中佐的心坎，这就是他最期待的回答。井田想：真这样就好了。一直坚持除了天皇的命令，即便是大臣和参谋总长的命令，也绝不能让近卫师团行动的师团长，现在终于说要作为一个日本人，不是作为师团长，来重新思考在这紧急关头应该怎么做了的问题。对井田中佐来说，这已是非常令人满意的答复了。即便参拜神宫得到的答复是"否"，那也不辜负自己的努力了。这样想着，井田一时觉得轻松多了。

刚好在这个时候，一直在隔壁房间的参谋长水谷大佐露了一下脸。看到他，师团长指示井田中佐去问参谋长的意见，好像理所当然似的。井田中佐应允了，留下椎崎中佐，自己出了师团长室。他正要进参谋长室的时候，正好满头大汗的畑中少佐和青年军官们赶过来了。是不是有超出人力的偶然力量在作祟呢？讨论的中心人物正要退到旁边房间去的时候，畑中少佐、窪田少佐、上原大尉等人正要进师团长室。井田中佐对他们莞尔一笑，叫他们就在师团长室里等待。看到井田中佐的笑容，畑中少佐以为形势对自己一方有利。

事情发生在一瞬间。残酷的结局不可避免地到来了。三名军官进了师团长室，畑中少佐刚和森师团长说了一两句话，接下来的一瞬间，上原和窪田两人好像得到了畑中的暗示一样，拔出刀来。畑中拿出手枪，对着师团长开了火，剑道五段的上原从师团长肩上斜着砍了下去，然后又从后面对着扑在畑中少佐身上的白石参谋的脖子砍了下去，窪田给了白石参谋最后的一击。[1]

井田中佐听到了师团长室里发出轰然一响的枪声，踢得楼板乱响的靴子声，还有呻吟一般的悲鸣。一瞬间，他全身僵住了。之后，他冲出参谋长室，水谷参谋长也跟在后面。两人还没进师团长室，面色苍白的畑中少佐就从里边走了出来。他紧紧地握住"叛逆"的手枪，发出了悲痛的呼声："没有时间了……所以我终于下手了……没办法的事。"

畑中少佐的狂热和井田中佐的冷静正好形成鲜明的对比，森师团长不知道拿他的狂热怎么办。也许是畑中把井田的笑脸理解成了师团

---

[1] 此处是秦郁彦教授著作中的观点。当然，事实究竟如何，无从考证。作家饭尾宪士则在他的著作里提供了另一种推测。

长已经同意。偏偏两人话不投机，刚毅的师团长大声叱责了他，勃然大怒的畑中不由自主地拿起了武器……在一瞬间，井田清楚事情的来龙去脉，随后，井田看了一下师团长室，从他那里正好可以看进去一点儿。一片血海中，森师团长和白石参谋的尸体俯伏向下，几乎叠在一起。椎崎中佐呆呆地坐在椅子上，似乎在俯视这一切，还有两名激动的军官……

叛乱，已经开始了，没法后退了。2点钟起义的计划提前了。他们亲手将他们想要立为支柱的师团长杀掉了，冷静地想来，这只能说是"万事休也"。还要继续推进计划，那就只能自己做支柱，用假命令来强行实施计划了。在这危险的瞬间，需要有靠得住的人，能正确地判断局势的人，来斥责和修正一起搞阴谋计划的同伙的鲁莽的人，来让大家确信当前应该做什么的人，才能决定是进还是退。现在需要这样的人，但谁都没有多余的心思来发挥这样的作用。他们没有考虑退缩，心里在体会着"箭已离弦"这个古语的意义。来吧，该来的都来吧！连最冷静的井田中佐也在想，顶多就是同归于尽吧！

井田中佐和水谷参谋长都认为，事已至此，只能请求东部军参加起义了，为此他们飞车前往东部军。在车里冷静下来的井田中佐心想，东部军不可能不参加起义。但他心里同时也有一种悲哀的绝望感：只能走一步是一步。

畑中少佐等人行了瞑目举手礼后，离开了师团长室。他们开始活动了。听说了师团长被杀的消息，古贺参谋和石原参谋受到了极大的刺激。但他们这些年轻军官仍是盟约的忠实执行者。古贺参谋正式完成了他早就在打腹稿的师团命令。

"近作命甲第五八四号"

近师命令　　　八月十五日〇二〇〇

　　一、师团之使命是摧毁敌人谋略，维护天皇陛下，捍卫我国国体。

　　二、近步一队长派主力部队占领东二东三营内广场（包含东部军作战室周边）和本丸马场附近，须对外保卫皇室的安全。另派一中队占领东京广播局，封锁广播线。

　　三、近步二队长派主力部队在皇宫吹上地区对外守卫皇室的安全。

　　四、近步六队长继续执行现在的任务。

　　五、近步七队长派主力在二重桥前切断皇宫外围。

　　六、GK长派TK中队前进至代官町，主力待命。

　　七、近炮一队长待命。

　　八、近工一队长待命。

　　九、近卫机炮大队长以当前态势守卫皇宫。

　　十、近卫一师通长派兵切断皇宫至师团司令部之间以外的皇宫通信网。

　　十一、余据守于师团司令部。

近师长森赳[1]

---

①　此处根据的是防卫厅战史室的资料。"GK"指的是近卫骑兵联队，"TK"指的是战车。此处的译文遵照原文。

畑中少佐用亲手杀害的森师团长的印章给这份命令作了"认证"。虽然只有短短的时间，师团的指挥权却在没有让部队察觉到异样的情况下，转到了畑中少佐等叛军手中。而且他们的背后还跟着第二联队长、四个大队长，还有众多的中队长。这些人即便是受到了欺骗，也同意阴谋。在这个假命令暴露之前，如果奔向东部军的井田中佐能成功说服东部军，竹下中佐能说服陆军大臣出马的话……青年军官们各人接到了各人的任务。窪田少佐去陆相官邸报告情况，同时也是去支持竹下中佐。上原大尉赶回航空士官学校，争取团结更多的同志。他们意气昂然地分头行动去了。

坐着近卫师团司令部的车，椎崎中佐和畑中少佐堂而皇之地进了皇宫。两个小时以前，他们是自己骑着自行车从陆军省过来的，现在却摇身一变，成了叛乱军的总指挥官，坐着车四处纵横。他们到警备司令部，找到了第二联队长芳贺丰次郎大佐。

"正如先前所讲，我们俩现在正式由大本营作为补充参谋派到近卫师团来了。占领皇宫的师团的正式命令马上就会传达过来，请按原计划充分布置兵力。"

芳贺联队长心领神会。没多久，第二联队副官曾我音吉大尉收到了师团命令（通过口述笔记）。他向芳贺联队长作了报告。曾我副官不知道这是个假命令，是个阴谋。在某种程度上，芳贺联队长知道这是一桩叛变阴谋，但他一心认定这是陆军要发起以皇宫为中心的政变，以再次仰仗圣断为目的的阴谋。他以为，即使是阴谋活动，也是针对国家而叛乱，他哪里能想到这只是对陆军的反叛。

在芳贺联队长的命令下，皇宫和外部的联系就快要被切断了。叛乱在逐步进行，不断深化。

　　与此同时，近卫师团参谋古贺少佐打来了电话，吓了东部军管区参谋不破博中佐一大跳。

　　"近卫师团决定起义了。希望东部军也一定站出来，请东部军司令直接发出号令。拜托……拜托……"

　　古贺参谋也不让不破参谋插嘴，只一味地重复哀求"拜托了"。很明显，他声泪俱下，喉咙都哽住了。他单方面讲完，电话就断掉了。这是东部军最初听说近卫师团的事，但古贺参谋的报告过于简单，不破参谋有些搞不清他的真意。同时他想起了前日午后见到师团长森赳中将时，在已决定停战的情况下，森师团长极力主张绝不能轻举妄动。他乐观地推断，即便近卫师团发生了什么重大的变故，只要师团长在，也不会有什么事。

　　但即便是这样，不破参谋还是向田中军司令官和高岛参谋长作了报告。东部军司令官田中静一大将听了以后，没有吃惊的表现，什么也没说。不破参谋想，田中军司令官肯定是还不能相信事情的真相，在等更详细的消息。

　　详细的消息马上就传过来了。参谋长高岛少将的房间外传来"参谋长阁下，我是井田中佐"的声音，还没等参谋长许可，井田中佐和面色苍白的水谷参谋长就跌跌撞撞地进来了。高岛察觉到异常，一望水谷参谋长的表情，可知非同寻常。水谷参谋长作报告的时候，身体一直在前前后后地摇晃。他讲了森师团长被杀和叛乱军占领皇宫的事，说自己是来听东部军司令官的指示的。但水谷因为极度的疲劳和过分的紧张而陷入轻度的贫血状态，讲这么多话似乎对他来说已是极限，当场就快倒下了。

水谷参谋长倒在隔壁房间的沙发上，就剩下井田中佐和高岛参谋长相对。很明显，井田中佐最初的希望已经破灭了。他本来计划着尽量瞒下杀害师团长的事，在不说真相的情况下催促东部军奋起。但水谷参谋长昏倒之前的一句话破坏了他全部计划。"森师团长是被杀害的"这一事实说明森师团长到最后也一定是持反对意见的，而且占领皇宫的联队执行的也不过是假命令。很明显，知道了这个情况，不管中佐怎么讲，怎么舍身突击，东部军都不会出动了。

"只要东部军站起来，全军一定会动。陛下的想法也会改变吧。拜托！"

井田中佐在心中已做好全部计划都泡汤的准备，而且他预感到，不管怎样苦恼，不久后都会结束的。他内心也轻松了。但他还是为贯彻自己的信念，尽力完成义务而继续努力。"现在不站起来就太晚了。"他说。

"陛下的录音一播放就万事皆休了。现在，请为了捍卫日本的国体，采取果断的态度……"

井田中佐的语气情不自禁地强烈了起来。高岛参谋长觉得从正面去反对他，又会有发生流血事件的危险。毕竟森师团长刚刚才被杀害。高岛参谋长由着这血气旺盛的青年军官讲下去，希望他能在自己倾听的过程中冷静下来。结果，井田中佐感到非常空虚，觉得自己好像是在一个巨大的钢筋水泥盒子里一个人玩相扑一样，不知不觉中，他的声音消失了。而高岛仍然在等着他讲话。于是房间里就只剩下了冷冰冰的沉默。井田的头渐渐地低了下去。于是，高岛开口说话了。

"具体地讲，你想要东部军做什么呢？"

井田中佐慢吞吞地答道："按照师团的命令，近卫师团已经行动起来了。希望东部军能在承认这个行动的基础上再发动一部分兵力。"

高岛参谋长则答道，批准近卫师团的行动需要得到军司令官的许可才行，而直接出兵一事，缺少主任参谋的话，就没法具体商量，情况也无法了解。眼下只能马上把主任参谋请过来。这是高岛参谋长的巧妙策略。因为作战主任参谋板垣彻中佐在"二·二六事件"的时候曾大显身手，说服力极强，所以高岛参谋长认为他是有经验的合适的人选。高岛参谋长早就和他讲好，万一有什么突发事件的时候，就把他请来当说客和谈判员。

但是，板垣参谋并不需要做很大努力去说服井田中佐。井田中佐已经主动说服了自己——政变失败了。看着东部军这冷冰冰的态度，想到天皇的意志和天皇一句话所蕴含的绝对力量，军队如烈火般的勇敢精神也无足轻重了。切身体会到这一切的井田中佐想起了自己的命运。当初，决定要把命运押在森师团长的同意与否之上时，自己不是已经决定了要承担所有责任的吗？计划一旦落空，一定要为避免皇军内部自残而努力去终结这场事变。这就是自己的责任所在。

东部军不但没有起义，反而还采取了明显的压制态度。但就在这个过程中，割断皇宫内外交通的行动也在有条不紊地进行着。把守好周边之后，叛军首先解除了皇宫警察的武装，占领了所有的宫门，禁止了非政变人员的出入。固守皇宫的准备已经做好。然而，出乎意料的是，最先经历此次叛乱的却是下村总裁和川本秘书官。上午是泪流满面的御前会议，下午是争论不休的内阁终战会议，晚上还有终战诏书的"玉音放送"，他们的身体已经疲乏到了极点。勉强走到休息室，一边喝茶一边和石渡宫相等人闲谈了一会儿，好歹恢复了一点元气。但下村总裁想，趁着内阁会议还在继续，他打算在1点半的时候，冒着空袭警报回趟首相官邸。

下村总裁正打算原路返回，从坂下门穿出去时，上着刺刀的士兵从黑暗中冒了出来，命令车子停了下来。椎崎中佐、畑中少佐等人接到了士兵的报告，他们认为这么晚还要外出，车里一定坐着和天皇录音有关的人，这样的话，情报局总裁下村宏一定也坐在里面。

接到消息，上着刺刀的士兵走了过来，他们打开车门，问车内是不是下村总裁，同时审视车内。坐得最近的川本秘书官回答道："正是。"

话音刚落，车门就被猛地关上了。士兵站到车两侧的脚踏上，对司机说："倒车。"四周黑压压地伸手不见五指，更何况在这完全陌生的皇宫里。站在脚踏上的士兵指示着司机往左往右，车里的人一头雾水，不知道自己要被带去何处。一种强烈的恐惧感涌上心头，川本想着会不会就这样被带到高处，然后被丢到皇宫的护城河里。然而，这种暴力事件并未发生。

不久，汽车爬上了斜坡，然后停在了斜坡的尽头。带刀的士兵成排列队，站在一间简陋的平房前面，下村总裁等人在此被带下车。川本秘书官看到了一面写着"守备队大队本部"的旧牌子。一位陌生的伍长说："请跟我来。"

总裁、秘书官和三位被解除了武装的卫兵别无选择，只能跟着伍长走。

几乎所有的录音工作者都有过类似的经历。长友技师等人是在笕庶务课长的带领下，正要步行通过坂下门时被拦下的。问了两三个问题之后，士兵们用还算平和的态度表明，自己只是在执行"任何人禁止出入"的命令而已。但不一会儿，不知是不是得到了什么消息，事态突然变了。

"上刺刀，分成两队把这六个人拿枪围起来！"

在这出人意料的号令下，长友技师等人被密密麻麻的枪口围了起来。笕庶务课长很勇敢，他质问一位像是指挥官的下士官："你们这样无法无天算什么？"他们也不回答，只用上了刺刀的枪对着人，作出一副威吓的姿态。长友技师提心吊胆地说："太危险了，别问了。我们没什么急事，叫我们去哪里就去哪里好了。"笕课长说："实在对不住您，请跟他们去吧。"

在他们的指挥下，长友技师等人被带走了。目送完他们，笕课长独自一人朝宫内省办公楼方向走去。士兵们拦住他，命令他一起走，但笕课长说："说什么呢！"他强硬地推开士兵们，独自走了。士兵们大概也没接到非常强硬的命令，没有勉强拦住他。

长友技师等人在刺刀的催赶下走到了二重桥附近，在黑暗中，他们看到了一间小兵舍。打开士兵们所指示的房门，他们吃了一惊。那些早先一步就离开的、刚刚分别的下村总裁、大桥会长与矢部、荒川两位局长等人都缩着身子，站成一排挤在屋里。

小屋还不到5坪，里面只有一张硬床、一张在军营里随处可见的桌子和两把长椅。16个人就挤在这么一个地方。面向院子的窗户紧紧地关着，还拉着厚厚的窗帘。闷热难耐，男人们开始冒汗。到底发生了什么事情？也不知道这会持续到什么时候。16个人对自己的处境和未来没有抱丝毫的希望。他们觉得自己好像已经被宣判了死刑。

一个士兵走了过来，他一边把一张纸和一支铅笔朝桌子上一扔，一边说："在这张纸上挨个写下你们的官衔、地位等级和姓名……不许作假！"铅笔滚过去，撞在铁皮烟灰缸上，发出一声闷响。

这声音让川本秘书官心生不安，他拿起铅笔，自己做代表先在纸上写下了情报局相关人员的姓名。写完后，他把笔递给了广播协会方面的代表。然后是身为保镖的便衣警察、司机……就这样，16个人从大臣到司机的"围城"就开始了。而且，从少尉再次出现开始，这个"围城"变得非常残酷无情。少尉面无表情地对众人说："不准私自说话，不许吸烟。"

或许，当一个人冒着生命危险行事时，寻求宽大处理是吃亏的。川本秘书官有些生气，咬牙切齿地问："可以脱掉上衣吗？"

"不行！这是命令，明白吗？"

一张床和两把长椅，16个人再怎么挤着坐，也还得有人站着。广播局的年轻技术员们无言地主动轮流着站了起来。两名士兵持枪站在门的内侧，枪上已上过刺刀，虎视眈眈地盯着大家。"砰"的一声，门被重重地关上了。

凌晨2点至3点

石渡宫相：“和二·二六那会儿一样啊。”

在位于日比谷的广播会馆里，年轻的广播员和技术员们原本打算步行回家。但在这里很快就要开始软禁以常务理事生田武夫为首的将近60名广播局、情报局的工作人员。根据伪造的近卫师团令，为了“封锁广播”，由中队长小田敏生中尉指挥的近卫步兵第一联队第一中队每人带了30发步枪子弹，正在前往占领会馆的途中。士兵们在日比谷十字路口填装好子弹，弯着腰向广播会馆走去。假命令开始生效了。

每个报社的干部们都收到了全体陆军在全国范围内起义造反的消息。差不多与此同时，驻首相官邸的记者们也将《终战诏书》的原稿发了出来。此时，B-29正在飞往高崎、熊谷、小田原的途中，他们要去执行最后的轰炸任务。而东京正处于因灯火管制而停电的一片漆黑中。在诡异摇曳的烛光下，面对这两条背道而驰的消息，传媒的干部们聚在一起，继续开着苦闷的会议。

有一些人认为，如此傲慢自大的陆军是不会轻易低头和收手的，所以全军起义的消息肯定是真的。另一些人则认为，发布诏书实际上是军队大作战的一部分，他们是要以此来诱惑敌人安心登陆，然后在海岸对其迎头痛击。还有一些记者坚定地认为，《终战诏书》已由政府明明白白地颁发出来了，这就已经没有什么可怀疑的了。来自主战派与求和派的消息如洪水般涌入，让冷静的主编千头万绪，无从判断。到底发生了什么事？该如何见诸报端呢？如果不小心把《终战诏书》登在报纸上，报馆估计会被军队烧掉吧？

因报馆总部被烧，和其他职员一起搬到了筑地的本愿寺本殿的《读卖报知》新闻政经部记者原四郎也是这群踌躇不决的男人们中的一员，面对这些难辨真假的消息，他同样也不知所措。现在不是用理智判断或讲道理就可以解决问题的时候，而是在"战"与"和"之间二选一的问题，是关系到日本帝国兴亡的"事实"问题。

苏联参战的第二天，报纸的头版头条登载了两条背道而驰的报道：一个是反对"玉碎"，也就是暗示投降的情报局下村总裁的谈话，一个是主张继续进行歼敌战斗的陆相的讲话。但是现在，把《终战诏书》和陆军大本营的立即进行登陆决战的英勇宣言一起当作头条新闻登出，这无论如何也说不过去吧！应该哪个呢？原四郎面对着这两种选择，没有加入辩论。他在蜡烛下沉默了许久。

《朝日新闻》社也同样面对着这个问题。从官邸回到总社的吉武队长和柴田记者在三楼政治部的一角点上了好几支蜡烛，队长就应该怎样处理《波茨坦公告》，柴田就接纳公告的经过，各自小心翼翼地拿笔记录下来。在明白事实真相之前，报社还在做着或战或和的两手准备。吉武、柴田两人亲眼所见、亲耳所闻的情况都是事实，没有比这更可靠的了，但同样被称为"事实"的全军起义的报道也传了过来。所以，现在应该做好两手准备，各自写好他们认为的事实，无论哪方谣言被拆穿，都能有备无患。

当报社在困惑、不安和焦虑的气氛中，忙乱地编排着即将载入史册的版面的时候，位于三宅坂的陆相官邸里正在安静地进行着最后的晚餐。日本酒和一点奶酪摆在巨大的紫檀桌上，如释重负的陆相正愉快地说着话。话题从愉快的往日、以前的好时光到当下的心境，无所不谈。竹下中佐是陆相生前最后的交谈者，他静静地倾听着陆相的每一句话。陆相尽管连日辛劳，但气色很好，看上去比一般壮年人还精神。竹下看着这样的陆相，忽然明白他平日作为一名军人并没有疏于身心锻炼，情不自禁地再次心生敬佩。

竹下中佐是1点半左右到达陆相官邸的。这个时间正好与畑中少佐在近卫师团长室里朝师团长开枪，窪田少佐和上原大尉穷凶极恶地向与师团长同席而坐的白石参谋挥下军刀的时间重叠。到达官邸的时候，迎接他的警卫宪兵和佣人的表情似乎都在说"您来得正是时候"。竹下瞬间就察觉到了陆相要自杀的决心。

竹下中佐虽然不是在畑中少佐的劝说下同意前往陆相官邸的，但他的内心深处确实有一种微妙的动机：万一发生意外，自己要采取桐野利秋对西乡隆盛所表现出的态度。另一方面，在他的心底，还对畑中少佐有着深不可测的友情。即便他没有积极地想承担政变的部分直接责任，但很明显的，对于占领皇宫，他默许了率先发动全军起义的计划。竹下中佐从来没有对自己应选择的道路思考得这么长久和深刻。

回想起来，自己对畑中少佐回答说同意去陆相官邸的时候无非是因为想通过大臣的脸色来下定自己的决心，同时还因为突然出现的一种预感。——下午3点，在陆相给陆军省全体职员的告别演讲中就可以察觉到了，陆相已经下了自杀的决心，任何人都听得清清楚楚。"难道会是在今晚吗？"

竹下中佐肃然起敬，他觉得已经没有必要对这位即将死去的大臣再多说些什么。事到如今，身为部下和妹夫，不应该提出政变计划扰乱他那清澈的心境。对此，他坚信不疑，他在心里已经对畑中少佐等人策划的政变做了自我了断。

他在大臣的起居室门前请求入室许可，大臣在里间责备似地问道："你是来干吗的？"但旋即改口："来得好，进来吧。"紧邻里间是一间十二叠的日式房间，角落里铺着被褥，挂着白色的蚊帐。陆相背对着壁龛，坐在书桌前写完了东西，正在看着自己写的东西。同一张桌子上，放着一个简单的托盘，上面摆放着酒杯和酒壶。

大臣像在处理重要的东西一样，把自己写好的东西收进了背后的多宝格柜里，然后，他转向竹下，舒缓地说："我早已做好了心理准备，打算今晚切腹。"

"我知道。"竹下中佐回答说，"事已至此，我不再阻拦您。"

陆相说："好吧，那我就放心了。"他拿过一只酒杯，一边递给中佐一边说："我还以为，你突然过来是来阻止我的，现在看来不是，那就好。现在我得说，你来得正是时候。"说着，他举起酒杯，示意先喝上一杯。

酒过三巡，陆相的心情越发开朗了起来，中佐反倒陷入了沉思。他仍感觉有些不安，有些让他放不下心的重要东西潜藏在他内心深处。畑中下佐说是要 2 点起义，2 点快要到了，面对无论如何也应该制止的事，自己却未能勇敢地制止，这让他感到非常不安。想到自己未能察觉到陆相已下定切腹的决心，且处之泰然；想到自己自以为是地打算赌上自己的命运，中佐现在羞愧得几乎要哭了出来。

"虽然是行将赴死之人，我还是和平时一样，让他们给我打了一针消除疲劳的维生素。我总不能说我要死了就不用了吧。"陆相继续淡定地说着。

竹下中佐问道："你刚才好像在写什么东西啊……"

"啊，那个呀……"陆相一边说，一边把收到多宝格柜里的两张白纸拿了出来。

在一张对折的白纸上，陆相的笔迹行云流水，清晰可辨，上面写着一首辞世诗：

昭和二十年（1945）八月十四日夜

陆军大将惟几

身沐主隆恩，

终生未得报。

今日辞帝阙，

无言可奉告。

据说，这辞世诗是陆相在昭和十七年（1942）7月就写好的，当时他身为满洲第二方面军司令官，在全力准备对苏作战时，就做好了阵亡的准备。

另一张遗书只有三行字：

以一死奉谢大罪。

昭和二十年八月十四日夜

陆军大臣

阿南惟几辞世诗上的署名仅是陆军大将，而遗书上的署名则是陆军大臣，这是身为陆相的体面。作为一个公众人物，陆相违抗天皇的圣断，言行举止始终代表着陆军的意志，最终作为毁灭国家的军队的代表，以死谢罪。他想通过遗书上不同的签名方式来表明，作为个人的大将，绝对没有丧失对皇室的崇敬之心。竹下中佐感到眼眶发热。沉默之中，他读懂了大臣的心。

陆相这个时候好像想起了什么，他又磨了墨，在折成两折的遗书背面又加上了一句：

坚信神州不灭。

陆相相信，即使自己毁灭了，祖国也是不会灭亡的。幸存者终将面对所有的苦难，但所有人应齐心合力，尽其义务拯救祖国。除此之外，没有什么锦囊妙计能够避免亡国。今后的日本人，要为何而生存，又要为何而死去呢？还有那么多将士，他们为何战斗，又为何死去呢？只有当幸存者们能正确回答出这个问题的时候，日本才能得救。陆相要讲的是这个意思吧！

"啊，都已经过2点了。"陆相看了看表。

"日历上已经是15日了，但我会当成是14日来进行自决。我原本打算20日自决的，但是因为20日是我次子惟晟的忌日。后来我又改变了主意，因为等到那一天就太晚了。14日是我父亲的忌日，所以就决定在这一天自决，而且15日中午将要播放陛下的录音，我不忍倾听。从这个意义上来讲，我也早就想好了要在14日赴死的。所以……"

他从怀中拿出在陆军省自己桌子上写下的辞呈，说："回头你把辞呈的日期写成14日。"

皇宫居中，陆相官邸、近师团司令部、东部军司令部围成了一个大三角。漫漫长夜就这样悄然降临到了这三角中的一角——陆相官邸。而在另外一角，近卫步兵第一联队长渡边多粮大佐接到了古贺参谋口头传达的近卫师团令，他正在进行紧急点名，完全没想到这是假命令。剩下的最后一角是东部军司令部，在那里，井田中佐改变了主意，他答应负责收拾残局，正打算独自奔赴皇宫。

随之而来，东部军必须采取紧急行动。指令满天飞，电话四处响，传令兵飞奔，好不容易有了动静，但乱作一团。东部军参谋稻留胜彦大佐（民间防空主任）从位于竹桥的防空作战室赶到东部军司令部时，时间刚过2点10分。

参谋长高岛少将在把说服井田中佐的工作交给板垣参谋后，自己进了田中军司令官的房间。简单地做完报告之后，他表示希望能在情况明朗之后，再去开展现场的说服工作。田中军司令官态度强硬，他打算在情况不明之际，就去现场进行说服和镇压。高岛参谋长在得到田中军司令官的同意后，踏进了军参谋室，开始了执行现场指挥的任务。稻留参谋、不破参谋和板垣参谋等人在他的指挥下默默地完成了自己的任务。在这令人窒息的氛围中，近卫步兵第七联队长皆美贞作大佐赶到军司令部报告说："刚才在电话里，接到了师团参谋下达的重要命令，因为有可疑之处，为防万一，特来询问军司令官的意图。"

一切情况都清楚了。反叛者杀害了师团长，他们企图以假命令占据皇宫。高岛参谋长首先要求东部军宪兵司令部在田中军司令官出动之际，派遣宪兵维护其安全，然后他命令不破参谋去视察一下近卫师团司令部等地的状况，以便为军司令官到达现场进行指挥做好准备工作。在这之后，他紧急集合了近卫师团各部队的部队长或接到命令的负责人。

宪兵司令部的塚本诚中佐也是在这个时候得知该事件的。他接到森师团长遇害的报告，为了确认真伪，命令伊藤宪兵大尉去师团司令部一探究竟。接下来，他紧急集合并命令全体人员进入警戒状态。

在东部军和宪兵司令部全面采取措施的同时，反叛者们正在积极地策划接下来的作战方案。他们把总部设在隔着二重桥，与东部军司令部相对的宫城内警备司令所里，并在各个大门都架上了轻机枪，摆出一副戒备森严的样子。下村总裁、大桥会长就被拘禁在这司令所后面的一个房间——既是阴谋和叛逆的巢穴，也是监狱。畑中少佐是阴谋的核心人物，椎崎中佐则扮演着参谋长的角色，和这两个人一起

172

的还有积极行动的古贺参谋少佐以及留在师团司令部指挥着第一联队以响应外部的石原参谋少佐。他们成功地把近步第二联队拉入了阴谋之中。

皇宫被孤立了，失去了和外界的所有联系。接下来，事情开始变困难了。奔赴东部军的井田少佐能够成功地说服他们吗？去劝说陆相的竹下中佐能够一帆风顺吗？这两点是他们政变能否成功的关键。然而，事实上，这两个问题早在开始的时候就是幻象，他们还不知道一切都没有指望了。他们要挽回屈辱的失败，为此而点燃全军起义的导火索，然而这火现在反而要引燃到他们自己身上了。

2点10分到30分的这个时间里，B-29轰炸机并没有大规模空袭，情况还算平静。虽然熊谷市等地因为空袭而燃起了熊熊大火，但东京没有受任何损失。敌机也没有要来轰炸的迹象，所以虽然空袭警报并未解除，但很多人还是钻进了被窝。在空袭警报刚发出的时候，户田、三井、德川等侍从都说要等到警报解除后再休息，但这通警报太长了，他们都放弃了等待，各自睡下了。就这样，整个皇宫如同紧闭口盖的海螺一样，陷入了一片沉寂。

在这之间，畑中少佐等人越发奋不顾身地抵抗了。窪田少佐出发去找在陆相官邸的竹下中佐，他要去联络报告最新的情况。上原大尉则前往位于丰岗的航空士官学校。在这之后，被囚禁的下村总裁等人开始一个个被叫出去问话。最先被叫的是宫内省总务局长加藤进。

畑中少佐问道："内大臣和宫内大臣正在干什么？"

加藤局长泰然自若地答道："内大臣是随时辅弼君主的人，要是知道发生了现在这样的骚乱，当然会在陛下身边的。另外，宫内大臣，你去宫内省防空总部打听一下，他们一定知道他在哪里。我和大臣分别后，就被关到了这里，已经过了这么久，怎么可能知道啊。"①

在回答的时候，加藤局长明白了内大臣是他们的目标之一，推想他现在应该还安然无恙。

接着，广播局的矢部局长、荒川局长、大桥会长被逐一叫了出去，从他们的话中，畑中少佐弄清了事实，知道了天皇已经在深夜完成了录音，还知道了录音盘不在这群"俘虏"手中。

在审讯主要人物之际，皇宫内的电话，无论是外线还是内线，都被士兵们接二连三地切断了。石渡宫相的秘书官石川忠与石渡宫相、大金次官、笕庶务课长等人一起，不停地在宫内省地下的防空总部里拨打着直通近卫师团的电话。他们拼命地想要抗议近卫师团长，抗议近卫师团占领皇宫的各个大门、带走下村总裁等录音相关人员以及去确认情况的加藤局长的下落不明的行为。这是在近卫兵们切断电话线之前几分钟的事。接电话的男子不得要领地回答说无法与近卫师团取得联系。对此，他们感到很愤慨，但同时也预感到了什么。就在他们面面相觑的时候，系着白布条的近卫兵突然闯了进来。他们仅扔下了

---

① 具有讽刺意味的是，加藤局长后来主动加入了广播协会和情报局那16个人之中。当下村总裁在坂下门被拦下时，石渡宫相也正好在回家途中被拦在了乾门。回到宫内省后的宫相很担心下村总裁等人的安全，他打电话想通过近卫师团去调查，但电话打不通。于是，宫相命令加藤局长和两名护身巡查一起到警备司令所去调查情况。结果就好像是自投罗网一样，奉命前去的加藤局长等人到了警备司令所，一下子就被囚禁了起来。

一句"这是命令"，看也不看宫相等人，就默默地挥起消防斧强横地砍断电话线，随后，他们很快消失了。

石川秘书官对石渡宫相说："这可不是一件寻常的事哦。"宫相也点了点头，没有比待在无处可逃的地下室更危险的了。秘书官心想，保护宫相是自己的责任，于是他灵机一动，把宫相带到一楼的大臣官房值班室，让宫相藏在了那里。他们不知道接下来会发生什么，决定看看风声再说。外面传来士兵们在沙石上奔跑的脚步声、炮车的嘎吱声，还有尖锐的号令声。石川秘书官对石渡宫相说："这不是政变吗？情况很不寻常哪！"宫相压低声音说："没错，石川。不行就我留下，你还年轻，有无限可能，你快逃。"

被宫相这样一说，秘书官也不可能回一句"嗯，可以吗？"就开溜。一阵恐惧感袭来，过了一会儿，宫相自言自语地说："和二·二六那会儿一样啊。"

三井侍从不知道自己是不是在做梦，朦朦胧胧中听到了在耳边低语的声音。"近卫兵好像已经占领了皇宫，电话线全部被切断了，和吹上也联系不上。"过了一会儿，三井明白过来这是大金次官压低了的声音。他吃了一惊，一下子翻身跳了起来。听说了近卫军在胡搞，他也不知道应该怎么办。他的脑中只有这一个念头：无论如何，应该马上把隔壁房间的户田侍从叫起来。但腰以下却使不上劲。难道自己被吓坏了？他情不自禁地觉得自己怎么这么不争气。不，就算是爬，也得爬到隔壁去！

户田侍从也仿佛在梦中听到了大金次官和三井侍从的对话，觉得自己好像听到了"近卫师团……"什么的。他马上爬起来，脚步坚定地走向了隔壁房间。当他看到大金次官和三井侍从好像被抽干了血似的苍白的脸时，他顿感不安，心想是不是发生了什么事情。

凌晨3点，B-29大编队完成了对日本本土的最后一次轰炸后，飞离了日本。空袭警报解除了。对于身居四处起火的城市之中的市民们来说，空中的恐怖是消失了，但被大火吞噬的恐怖却依然存在。而皇宫眼下正发生着任何人都始料未及的恐慌。

阴谋变成了骚动。原本应该守卫皇宫的近卫兵此刻居然倒戈相向，在皇宫里胡作非为。多数人都难以置信这令人惊讶的事实。但不管是相信还是不相信，很明显，近卫兵开始造反了。在窗外跑动的都是近卫兵，为了方便在黑暗中进行辨识，他们身上都系着白布条。而且手中的枪上都插着明晃晃的刺刀。

凌晨3点至4点

木户内大臣："事到如今，再闹又有什么用？"

　　三井侍从在拼命地爬着。虽然惊讶不已，但这位戴着深度眼镜，为人老实的侍从却抱着拼死的决心向前挪动着。[①]他先叫醒了德川侍从，然后又悄悄潜入了旁边的武官室，摇醒了熟睡中的清家武官。三井侍从悄悄地告诉他："不好了，军队已经打进来了。"听到这个消息，清家武官从床上一跃而起，他镇静地问道："是真的吗？"戴眼镜的三井侍从双唇发抖，点了点头。

　　清家武官立刻准备叫醒睡在下铺的中村武官。中村武官早已醒了。两人急忙向武官长室奔去。侍从武官长莲沼蕃大将被清家武官他们叫醒时，还心想，一定是哪里搞错了。就在傍晚，他与森师团长见

[①]　三井安弥说："后来听中村俊久武官说，三井进房间时是爬进来的，那姿势简直就像是晚上与人私通似的。这让人想到了'二・二六事件'，真是太恐怖了。"

177

面的时候，师团长很有把握地说"请不必担心近卫师团"，还告诉他"我有可能会重新部署警备队"，将前后两者结合起来考虑，莲沼武官长突然乐观地认为，外面搞出来的动静，该不会就是师团长所说的重新部署吧。

然而，为了颠覆武官长这种天真的推断和想象，清家武官表情严肃地说："皇宫的卫队已经占领并破坏了通信所，切断了与外界的一切联系，解除了保护皇宫大门的警察的武装，好像还占领了皇宫。"近卫兵只要想占领皇宫的话，是非常容易的。莲沼武官长也意识到事态的严重性，慌忙把睡衣换成了军服。

莲沼武官长和清家、中村两武官飞一般冲进武官事务室。三个军人都非常了解政变意味着什么。对于他们来说，"二·二六事件"仍然记忆犹新。窗外，上了刺刀的士兵正向左右散开。一拿到电话，清家武官就急忙拨打了陆军省和参谋总部的号码。虽然有好几部电话，但全都无法接通；即使这样，两名武官仍不死心，不停地拨着电话号码，试图与外界取得联系，报告事态的发展情况，请求前来镇压，可一次次的努力都不过是徒劳。①

将处理政变的事情交给军人，文官三井侍从在其他地方继续发挥着作用。在把自己所能想到的所有人都叫醒以后，他接下来想到的就是必须尽快赶到天皇陛下身边去报告这个情况，并保护天皇。三井豁出性命，试图冲破军队的包围。他已经感觉不到丝毫的恐惧了。当他看到正门聚集着众多手握自带刺刀的步枪的士兵时，便冷静地改道北

---

① 当时打电话，必须要先拨"0"，才能与外界接通。

门，打算从那儿悄悄溜出去。

三井侍从静悄悄地朝着黑暗走去，突然，一把闪着寒光的刺刀横在他的面前，三井顿时便失去力气，差点瘫坐在了地上。"不许出去，这是命令。"他被士兵的怒吼声赶了回去，之后好长一段时间都默不作声，一直沉浸在惶恐之中。

待恐惧稍微散去之后，三井又开始在漆黑的走廊上徘徊了。难道就没有去吹上御文库的办法了吗？一时间，他不知所措。每次一从窗户看到带着刺刀的士兵，就立即像乌龟一样把头缩了回去。被大金次官叫醒之后，仿佛已经过去了一个小时，而事实上，仅仅只过了15分钟，才凌晨3点零5分呢。

与此同时，井田中佐怀着"负起责任，收拾局势"的想法，从东部军坐车来到现已成为叛军总司令部的警备司令所，这些人已经成功地占领了皇宫。一下车，他立即受到了对他无限期待的畑中少佐发自内心的欢迎，但是，井田中佐并没有对这份热情作出任何回应。井田中佐肩负着一个使命，即无论畑中少佐是否愿意，都要让他丢掉幻想、放弃希望。井田暗自咒骂着自己这个要将纯真少佐逼向绝路的任务。另一方面，关于东部军的去留问题，畑中少佐很快就从井田中佐阴沉的表情中读出了否定的答案。畑中少佐此时的感觉犹如看到一根救生索断了一般，什么都不说便能明白。

井田中佐抛出话来："畑中，不能再下去了。东部军已经完全平静了下来，没有任何起义的征兆。这样一来，固守皇宫就毫无希望了。承认失败，撤兵吧。在国家出现紧急事态时，死守下去是免不了要和东部军开战的。"

畑中少佐强压着自己，平静地听完井田中佐的话后，说："不用害怕这一战。我们现在已经占据了皇宫，背后还有天皇陛下，根本没什么好怕的。再说，我们还有下村国务相等人做俘虏。"

井田中佐大喝一声："别说傻话！"他心想：现如今，难道还要制造不必要的混乱吗？那将是最糟糕的事情。诚然，即便引发内战，只要能确保近卫师团的团结，全军起义也未必是难事。但是……"你以为杀了师团长，就能让近卫师团团结吗？没有团结，还谈什么内战。要是师团长的死讯在师团内部传开，指挥会一下子就崩溃的。守城只会招致混乱，你难道不明白这些吗？"

畑中少佐对这番激烈的话语无言以对，眼里却充满了愤怒。

"一定要在天亮之前撤兵！然后由我们几个来承担责任！畑中，这样不是很好吗。以后世人大概会说：我们做了个'仲夏夜之梦'，然后对此一笑置之吧。"

井田中佐的语气缓和了下来，畑中少佐则感到无比沮丧。他们脚下那张绝望和悲惨的大网已经收拢。畑中少佐用虚弱而疲惫不堪的声音吐出了一句："我明白了。""你明白了吗？"井田中校一边确认道，一边想着必须将此事报告给陆相。他非常清楚：陆相知道宫城事件后，该会有多么痛心。井田中佐把要求撤兵的事情交代完后，又上了车。等车子发动的时候，他打开窗户，

再次向站在那里的畑中少佐又叮嘱了一遍："没问题吧，天亮之前撤兵！"

井田中佐离去后，畑中少佐感觉他脚下的大地仿佛正伴随着轰隆的巨响，慢慢崩塌。尽管如此，他没有惊慌失措，依旧镇定地坐在

警备司令所的椅子上。煞费苦心的努力如昙花一现，瞬间烟消云散。畑中少佐为此悲叹，但他既没有沉浸在悲伤中，也没有犹豫过接下来该怎么做。因为是挟天子固守皇城，所以畑中少佐坚信：无论是东部军还是第一总军，只要对手是日本人，那么自己定能战无不胜。支撑他的那种不屈不挠的精神现在又高昂了起来。他和椎崎中佐、古贺参谋等人商议后，决定继续固守皇宫并计划夺取藏于宫中某处的"录音盘"，以此作为最后一张王牌来拖延时间。通过拖延时间，等待局势的回转。为了扭转自己被逼入的窘境，他们又开始了行动。①

古贺参谋②命令士兵去把广播局的主任找来。于是，矢部局长被当作代表叫了过来。古贺参谋问局长："玉音录音都还顺利吧？""嗯，还顺利。""录音盘放在哪儿呢？""宫内省。""什么时候播放？"这个问题问了两遍。矢部局长的额头冒出了冷汗，全身很快便湿透了。接下来的是个新问题："15日的正午，头条新闻是从宫内省播放，还是从广播局播放？""广播局。""那为什么要把在广播局播放的录音盘放在宫内省呢？"事实上，这才是他们想知道的"为什么"。

---

① 这是依据各种资料进行的推理。但在占领皇宫以后的大约两小时里，他们除了切断电话线，控制大门，寻找宫内大臣和内大臣的下落以外，并没有做出什么特别粗暴的行为。井田中佐是3点左右回到皇宫的，士兵们大概是在3点30分到40分之间开始搜查录音盘的。各种证词均能证实这一点。由此可见，畑中少佐等人在得知东部军不会起义的消息后，突然急躁了起来。

② 下村宏的记录和其他记录显示是畑中少佐，但矢部谦次郎说："那个人的确佩戴着参谋徽章。"如果是这样，应该是古贺参谋才对，因为畑中少佐和椎崎中佐都没有佩戴徽章，并且石原参谋当时正在师团司令部。

矢部局长并未意识到这点，如实地答道："最初时间是定在早上7点，后来才改为正午的，由于深夜不便运送贵重物品，于是就拜托宫内省保管了。"

"这么一来，确实如此。"古贺参谋在"确实如此"这几个字上加重了语气。

"是放在宫内省保存的啊！"

"是的。"

古贺参谋站了起来，命令一名大尉："相浦中队长，让这个人带你们速去宫内省，把录音盘找来，那可是贵重物品，所以千万小心！"①

矢部局长跟着那名中队长出了房间。门外已有一队40名左右的士兵上了刺刀，列队等候着。局长被夹在中队长和队伍之间，后背如同让人戳着似的，在伸手不见五指的黑暗中，被带到了宫内省的大门口。草丛中传来了虫子的鸣叫声。局长的脑子里无聊地想着：这些虫子可真够逍遥自在的啊。中队长对士兵大声命令道："上子弹！"

近卫兵闯入了宫内省，开始进行搜查了。他们没有遇到任何阻碍。五六个士兵结成一队，爬上空荡荡的楼梯，穿过寂静的走廊，把每间房都检查了一遍，打不开的就用脚把门踹开。在被带过来的途中，士兵们多次追问矢部局长保管录音盘的人是谁。局长每次都坚称

---

① 一般认为"八一五事件"就是夺取录音盘事件，但这是不正确的。正如文中反复记载的那样，"八一五事件"是一次以占领皇宫为代表的彻底的抗争事件。至于录音盘的有无以及针对它的搜索行动，都是到了某个阶段后才发生的，处于次要位置。

自己是不可能记住头回见面的侍从的名字的。

这段时间里，侍从们的惊人表现也在悄无声息地进行着。户田侍从被大金次官的声音惊醒，得知士兵们正在搜查内府和宫内大臣后，立即赶到三楼的内大臣室。在此危急时刻，当侍从让木户内大臣赶紧逃离时，不知为什么，大臣竟咧开嘴笑了。

"是吗？果然还是和我担心的一样，真是一帮没救的家伙。事到如今，再闹又有什么用？"

户田侍从深感木户的表情和腔调犹如把啃到嘴里的涩柿子吐出来一样。可是，现在我们正被那帮不可救药的家伙逼得走投无路。户田侍从担心这场闹剧最终可能会血流成河，死亡之舞将会在眼前上演。尽管如此，户田侍从并不是没有应对突发骚乱的心理准备。他联想到了"二·二六事件"。必须逃……逃往哪儿？户田侍从突然想到：把木户内大臣藏在侍医的房间里。那里会比内大臣室安全得多吧。

在黑暗里摸索着前进的途中，木户内大臣突然停下了脚步："对了，还有一些档案放在屋子里，如果落到他们手上的话，会有麻烦。去拿一下吧。"两人又返回到刚才那间挂有蚊帐的屋子。这时，闯进来搜查的士兵们似乎已经开始搜查楼下了，户田侍从听到了他们军靴踏在地板上发出的凌乱的脚步声，这让他惊慌失措。

木户内大臣从屋子出来后，便立即钻进了厕所。他的沉着冷静让户田侍从手足无措。面对责备的目光，木户内大臣说："还是撕碎扔掉吧。"然后，他便开始慢慢地把重要文件撕成碎片，内府或许已是竭尽全力地在提速了，可在户田侍从看来，动作慢得简直让人无法忍受。紧要关头，何必冒不必要的风险呢？

看到木户内大臣好不容易安然无恙地进了侍医室，户田侍从终于放下了心：这下应该没事儿了吧。

完成了一件重大使命，户田侍从疲惫不堪地回到了侍从室。迎接他的却是一位拔刀的军官和五六个端着上了刺刀的枪的士兵。在那一瞬间，户田侍从心里发慌，打算退回去，但转念又放弃了。心想与其逃跑背后挨枪，还不如……于是侍从毫无畏惧地走进了那间被翻了个底朝天，东西放得乱七八糟的房间。

军官怒吼道："你是谁？"户田侍从平静地答道："我是侍从。""知不知道录音盘放在什么地方？"当然这种问题是无从回答的。"木户、石渡他们在哪儿？"户田侍从夸张地使劲晃着脑袋，用勉强装出来的轻快语气说："像我这样的小人物怎么可能知道呢！"

当时，石渡宫相已在德川侍从的带领下，躲在了比木户内大臣所在之处更安全的地方。这纯属意外。当德川侍从来到侍从职事务官室前的走廊时，碰到了石渡宫相，他在石川秘书官的带领下，正打算躲进值班室里。石川秘书官告诉德川侍从："宫相被盯上了。"德川侍从答道："我有个很好的藏身之处。"在事务室拿过钥匙后，德川侍从从值班室把宫内大臣、石川忠秘书官、猪喰清一秘书官和担任护卫的二宫巡查四人带到了地下金库。

那是个特别的地下室，只有通过三楼女官储藏室的直达楼梯才能到达那里。侍从们都称其为保险库。门一打开，便可见宫廷女官摆放着的衣物，在这个看似华丽的房间深处，有一段极难发现的楼梯，沿着楼梯一直往下走，尽头正对着装有坚固房门的地下室入口。

就这样，木户内大臣和石渡宫相等要人在侍从们的努力下都躲过了一劫。此时，皇宫外，在隔着护城河的东部军司令部里，大家仍在拼命地努力平息混乱。近卫师团在编制上属于东部军。因此，这次叛乱理应由东部军进行平息。在这个时候，与平息叛乱相比，更重要的是防止事态扩大。根据高岛参谋长发出的命令，近卫师团各部队的命令接收者三五成群地聚集到了司令部。高岛参谋长分别向他们下达了命令：

一、近卫师团长是被一部分阴谋的策划者所杀害的。

二、在接到下一道命令之前，近卫师团的指挥权由东部军直接接管。

三、刚才下达的师团命令是一部分阴谋策划者的假命令，立即取消。

四、皇宫护卫部队立即解除包围。

接到命令的人们纷纷宣誓：将严格按照下达的各项命令采取行动，不会加入宫城事件。于是，转瞬之间，即将被引爆的信息变得悄无声息。皇宫内燃起的火苗并未引发燎原之势，一个危机暂告结束。

3 点半的时候，在警备司令所那些"假命令"的发布者们已经明白，自己最初的野心已经就此破灭。东部军不仅没有起义，还命令麾下各部队立即停止占领皇宫。换句话说，东部军不仅没有成为叛军的同盟，反而变成了他们的敌人，给予了反击。尽管阴谋者们的命令和宣告其无效的命令是同时下达的，但近卫师团的各联队却冷静地执行了后者。叛乱者们最初认定，在起义问题上犹豫不决的人们都会跟随着他们起义，可事实证明这只是他们的妄想而已。武装暴动的最初计划错得有些悲哀。阴谋的命数正在迅速地耗尽。

想在事件没有扩大的情况下，以单纯的局部叛乱进行最终处理，森师团长在其中发挥了至关重要的作用。可以说，正是师团长的死，才让这个差点让全军陷入混乱的事件异常轻松地就画上了句号。叛乱者们杀害了师团长，失败的命运就已注定。

高岛参谋长向除了第一、第二联队以外的所有近卫师团各联队逐一下达命令的时候，板垣、不破两参谋为了确认森师团长令人景仰的牺牲，正迅速赶赴师团司令部。他们将要进入奉假命令展开行动的叛军内部。两位参谋整理好军装，坐上了车，脸上露出了拼死的决心。

车子从竹桥开往师团司令部。竹桥虽在近卫步兵第一联队的占领和封锁下，两人依旧低速前行，只说了一句"我们是东部军参谋，我们要过去"，两人就强行突破，最终到达了近卫师团司令部。由于灯火管制，看不到任何光亮，两位参谋在黑暗中摸索着来到了参谋室。走廊上到处都是哨兵，一路上，两人屡次遭到盘问，但他们还是硬闯过去了。

师团参谋室里仅有的一盏小电灯被黑布盖着，发出微弱的光。灯下一位年轻的参谋正趴在桌上，不停地写着什么，抬头看见两人进屋后，年轻参谋用冷漠而多疑的目光看着他们。不破参谋不客气地大步上前，抢先开口自报身份，然后便质问了此次暴动的缘由，询问了叛军的情况。被抢占了先机的年轻参谋沉默不语、一声不吭，突然嗖地站了起来，手按刀柄，杀气腾腾地瞪着两位参谋。两位参谋虽也做好了决斗的准备，但瞬间又意识到：与其做这些无意义的事浪费时间，倒不如亲自去确认一下师团长的被害现场。

站在师团长室门口的哨兵，用上了刺刀的枪严厉地拒绝了二人的进入。两位参谋不得已退了下来。而刚才那位杀气腾腾的参谋从后面跟了过来，说："没关系，让他们进去。"不破、板垣两位参谋此时并不知道，这位参谋就是留在司令部，负责同外部联络以及负责指挥第一联队的叛军主谋之一的石原贞吉少佐。

灯光通过黑色的灯罩，把师团长室映照成了圆形，里面的场景惨不忍睹。森师团长身着便服，肩膀被削掉了一半，胸口中了一枪，倒在桌子前的血泊中。白石参谋则穿着军服，头部被一刀砍下，浑身鲜血淋漓。两位参谋情不自禁地屏住了呼吸，说不出一句话来。

在此期间，皇宫内寻找录音盘的骚乱仍在继续，遥遥无期的不安笼罩着整个宫内省。事实上，搜寻工作已经逐渐陷入僵局。起义的士兵们就像在浓雾中迷失了方向一般，开始四处乱窜了。由一个下士官和四五个士兵组成的小分队在同一个地方转来转去，隐约可见他们身上缠着的挽系和服长袖的白布条，在黑暗的走廊里急速移动的样子。这一切都被藏于室内的侍从们看在眼里。

之所以出现这种状况，宫内省难以形容的复杂构造是其中一个原因。表御座所所在的建筑物与主楼以及空袭中烧毁的正殿相连，因此，走廊的一侧全是同样的房间，每间房都又窄又长。这里原本是省内职员的寝室，在宫殿被烧毁后，改造成了侍从室。由于建造在斜坡上，靠近本部的一侧虽有三层楼，可往里走就变成地下一层，地上两层。原本是在三楼进行搜索的，可不知不觉间就会产生身处二楼的错觉[1]。

除此以外，整个宫内省中还有大量挂着让士兵们莫名其妙的房牌的房间。式部职、掌典职、宗秩寮、内匠寮、藏寮，再往侍从职那边走的话，甚至还有什么内舍人室、缝手室。这些房牌让士兵们产生了一种在国外进行搜查似的无助感。

近卫师团通常部署在二重桥和坂下门等内护城河一线，从外围守护皇宫，所以对建筑物内部一无所知。他们不知道官省职员的寝室变成了侍从室，也不知道原本是用于摆放床上用品的简陋橱柜却直接变成了放置重要档案的地方，更没有人能想到，录音盘就在这个简陋橱柜里——一个看上去破破烂烂的小保险柜中。

在迷宫里不知疲倦地搜寻，不久就会变得焦躁、厌倦、愤怒，这些情绪融合在一起，形成了阴郁的情感漩涡，然后沸腾了起来。他们踹开房门，拽出抽屉，不知不觉中，对录音盘的憎恶化为了对血液的强烈渴望，不断增强。这越来越像一场近乎疯狂的小丑戏了。

此时，他们的对手都是那些不论何时都显得从容不迫的高官。从侍从到宫内省的课员，因为联络中断，每个人都在随机应变。如果要试着让他们联系起来，就会发现他们似乎被某根粗线紧密地联系在一起。总之，那就是这个世界的自然规律。一旦遇到这种不熟悉的自然规律，士兵们就会脱漏掉所有有价值的线索，犹如深陷在抓不到救命绳索的无底沼泽中，只能做无谓的挣扎。

---

[1]　关于天皇进行录音的房间，相关记录众说纷纭。有的认为是三楼，有的认为是二楼。但是，从建筑物的结构来看，两种说法其实都是正确的。

　　另一个让入侵者晕头转向的东西是宫内职员的衣服，例如宫内省防空服。大臣以下的官省职员领到的全都是同质地、同款式、深蓝色折领制服。对于那些凭借星徽和金色条纹数量来判断身份的叛军来说，这发挥了极其重要的伪装作用。当户田侍从在侍从门口碰到被士兵押赴的矢部局长时，士兵问他："录音盘是不是交给了这个家伙的？"矢部局长泰然自若地答道："不是。我记得应该是一个个子更高、鼻子更大的人。"

　　实际上，侍从中没有比户田侍从更高的了，但士兵们也只能相信他的话。因为衣服的关系，让人根本搞不清到底谁是谁，以至于即便见过几次，却仍感觉仿佛是初次碰面。

　　畑中少佐孤注一掷，夺取录音盘这张最后的王牌也因此变得黯淡无光。第一大队、第三大队的官兵不断前来增援，但没有任何意义。主谋者们不断地使出一招又一招，可全都依次落空，整个计划陷入了僵局。对于他们来说，最坏的情况即将发生。芳贺联队长终于开始怀疑他们了。

　　在坚守皇宫的时候，畑中少佐对芳贺联队长说："今晚，阿南大臣也会到这里来，再次仰祈圣断。"另外，师团参谋古贺少佐说："师团长阁下已经同意，他将会下达师团命令。"的确，师团命令是下来了，却是一个口头的。按理说，同意了此次行动的陆相和师团长，在起义军已经坚守皇宫将近三个小时之际，却依然没有现身。芳贺联队长曾把自己的命运和阴谋者们绑在了一起，本想以挟天子，陆相带头，师团长亲自指挥为条件，将自己的联队留在皇宫内。但是，这些条件正在一个个地瓦解，与他们命运福祸相依的动机也正在逐渐减弱。

芳贺联队长质问畑中少佐："大臣还没有来，到底怎么回事？"他语气强硬，和温柔的任人摆布的自己大相径庭。

畑中少佐脸上浮现出痛苦的表情，但他告诉自己：无论如何，都必须要继续前进。

"我打电话问问他们是不是已经出发了。"

这时，去师团司令部联络的古贺参谋回来了，弄清楚了所有的事情。他明白，到了最后关头，不管用什么花言巧语都无法蒙骗心生疑虑的联队长。于是，他只得说出了实情："师团长已经死了……"

紧接着，为了鼓动芳贺联队长，他继续说："现在，请求大佐殿下代替师团长指挥师团……"。

芳贺联队长很诧异，不知所措。他开始对这群年轻军官们背后的动机产生了怀疑和警惕："让我代替师团长？那师团参谋长他人呢？"

古贺参谋慌乱地答道："参谋长正前往东部军司令部，请求军队起义去了。"

"师团长是怎么死的？" 联队长不断地追问。古贺参谋的脸瞬间暗沉了下来。联队长继续问道："师团长为什么死了？是怎么死的？古贺参谋，你应该知道吧，快告诉我。"

最终，这场别扭的会谈以沉默收场。叛逆者们虽然已经尽其所能，但是让他们所依赖的联队长起了疑心是非常致命的，它注定了阴谋必将加速终结。

这些发生在叛军领导层内部的分裂，表面是看不出来的，下面的部队更是无从知晓。在宫内省中，侍从们和负责指挥的第一大队长北畠畅男大尉、同队的小山唯雄准尉、同队的第二中队渡边进曹长、第三大队石川诚司兵长与搜索队官兵们之间仍然持续着极度紧张的、令人难以忍受的较劲。在大呼"一亿国民皆是特攻队员"的战争末期，参战军人和平民百姓没有什么差别。双方都要在生死攸关的时候拼死一搏。

直到刚才，斗争焦点还围绕在录音盘、木户内大臣和石渡宫相的去向上，而此时，由于侍从们的机智和奋勇，长官们都被转移到了安全的地方，于是侍从们的关心便转到了天皇所在的御文库究竟怎样以及如何与之取得联系上了。

把木户内大臣从侍医室带到先前石渡宫相藏身的地下金库后[①]，户田和德川两位侍从便商量着与御文库取得联络的办法。

从宫内省到御文库的路有三条。第一条是先到右边的乾门，再向左转到御文库，这是最宽的一条道路；第二条是从左面的内苑门通过贤所，然后到御文库；第三条是新道，从正中的红叶山隧道穿过道灌濠到御文库。

原本两位侍从的判断是，乾门作为主干道很有可能被士兵严格把守，所以不考虑第一条路。但剩下的两条路中，哪一条更安全呢？就在德川侍从把木户内大臣带到金库时，户田侍从试图从内苑门通过贤所前往御文库，结果让士兵们撞个正着，只好折返回来，看来只有走

---

① 在入口被女官的衣物伪装得很好的地下金库里，除了木户、石渡两位大臣以外，还藏有石川忠、猪喰清一两位秘书官和护卫（当时叫作侧卫）二宫五人。其中，因为内大臣木户幸一负责保管天皇的御玺，他命悬一线。

穿过红叶山隧道的路了。但是在三条路中，有两条已经被起义兵控制住了，剩下的一条路怎么可能无人把守呢？

户田、德川两侍从商量着，除了突破危险之路以外，还有没有其他的联络方法？通过窗户，可以看见吹上御苑那片黑压压的森林。御文库近在咫尺，而现在却好似远在天边，无法达到。人们根本无从知晓那里发生了什么。电话线被切断了，又不能派别人过去，除了亲自前往，别无他法。德川侍从对户田侍从说："我们一起设法冲过去吧。"

"我们不能只顾自身安全，小心翼翼地躲在后面，必须拿出勇气，行动起来。"

德川侍从手握按压式萤火虫手电筒，走在了前面。道灌濠的水已经干枯，只剩下一个个小水坑，被朦胧的微光照得闪闪发亮。明明没有月亮，到底是什么在反光呀？户田侍从心里感到有些奇怪。在侧门口，两人看见了几个士兵的身影。抱着听天由命的态度，德川侍从抢先一步说："我们是侍从，因为到御文库有事情……能放我们过去吗？"

士兵们默默地让开了道。

御文库平静地躺在参天大树的包围之下。自8月9日以来，连续数日有无数的人从御文库东边的入口进进出出。此时，两位侍从也从这里走了进去。当看到御文库值班的入江侍从正在常侍官候所舒舒服服地睡觉的身影，两人既为御文库的平安感到高兴，又感到从未有过的气愤。在此之前，他们刚感叹过生命是何等脆弱呀！于是他们情不自禁地、粗暴地喊醒了入江侍从。

"还在呆头呆脑地睡什么觉啊？"

入江侍从听到二人跌宕的经历后，不寒而栗，很快就清醒了。

接下来，德川、户田侍从将事件报告给了待在谒见间的侍从永积寅彦，然后又进到里面，向女官长保科武子做了同样的报告。

"虽然现在无须立刻叫醒陛下，但还请做好这个心理准备。"

就这样，在此之前一直置身于叛乱之外的御文库也被卷入其中了。尽管有些人为此不寒而栗，惊慌失色，但御文库全体，在德川、户田两侍从的鼓励之下，做好了要与叛军勇敢战斗的准备。他们决定把所有窗户的铁窗套都关上。可是由于年深日久，所有窗套都已生锈，很难关上。强壮的佐野和片渊两名侧卫汗流浃背，竟把在美军空袭时都未曾关闭的铁窗套，却在日本兵的包围下关上了，入江侍从看在眼里，颇觉讽刺。当时，入江侍从等人还不知道那些日本兵竟然是近卫兵。他们以为是外面的军队在叛乱，曾经是那么地信任禁军，以至于让他们瞬间就想到了这些。眼下，他们却发动了暴动。如果当时入江侍从知道那些人正是近卫兵的话，可能会觉得更讽刺吧！

陆相官邸中，让畑中少佐们无比期待的阿南陆相，根本没有任何举动，他正和竹下中佐喝着离别酒。2点刚过，竹下中佐瞅准机会，把武装政变的计划，畑中少佐等人已占领皇宫的事向陆相作了报告。听完后，陆相不动声色地说："是吗？可是，东部军不会出兵吧。"

即使到了最后关头也几乎没有什么能给这个决心一死的陆相带来安慰。陆军的名誉早已灰飞烟灭，不仅如此，无序和混乱还依然在军中漫延。这样下去，到了明天，徽章将会被遗弃，勋章将会被践踏，各种嘲讽和辱骂都将会蜂拥而至，只剩下悲哀和凄凉。

陆相把这些感情都压在心底，说："对了对了，还要好好拜托你一件事。如果我死得很难看的话，你要为我收拾残局。没问题吧，那就拜托了。不过，凭我的技术，应该没问题，不用担心。"竹下中佐点头答应。

陆相拿出两把准备好的家传短刀，拔出那把刀身细长的刀的刀鞘，说："我打算用这把刀来切腹，绝不会胆怯。"

作为军人，他早已决定不用军刀。他是一位自始至终重视军人荣誉的将军。竹下中佐收下了另一把短刀当作遗物。平日里滴酒不沾的大臣，却在今夜，一反常态。竹下中佐向脸颊微微泛红的大臣投去了崇敬的目光。

就在此时，作为畑中少佐的联络人，窪田少佐前来拜访竹下中佐。竹下中佐在会客室接待了他。军服上沾满了鲜血的窪田少佐，意气风发地告诉竹下，计划正在稳步进行。

"森师团长同意了？"

"没有，因为他不同意，畑中少佐便开枪打死了他。另外有一位在场的参谋试图制止，结果也被刀砍死了。"窪田少佐说。

竹下中佐心想：这哪是什么成功啊，根本就是自我否定。但在激动的窪田少佐面前，他选择了沉默。

窪田少佐却信心满满地说："尽管还不明确东部军是否跟随，但不久他们也会出兵的！"

不，正如陆相所说，东部军不会起义的，竹下中佐意识到事态已经完全陷入了绝望的境地。他也明白只有某位大臣将起义命令下达至全军，才能拯救这种绝望。就不能向这位大臣提出请求吗？走出骏河台的旅馆时，中佐无法保证能说服大臣，他的立场很是暧昧，对于计划像是负有责任，又像是没有责任。越是知道事态已经绝望，他就越强烈地希望发动政变。看着匆匆离去的窪田少佐，竹下中佐的内心开始动摇了。难道任由畑中这样行动而见死不救，真的好吗？

听到森师团长被枪打死的消息，阿南陆相的表情非常痛苦。他放下酒杯，说：

"是吗？把森师团长杀了？那就把对他的赔罪也一起算上吧。"

接着，陆相说了一句奇怪的话：

"把米内杀了！"

竹下中佐诧异地盯着陆相的脸。陆相却自此缄默不语，没有再说什么了。①

---

① 关于这一点，本人在拙著《战士的遗言》中做了如下的阐述：阿南陆相信奉绝对天皇制。他认为赌上性命，誓死捍卫天皇才是真正的大义。然而，现实的历史潮流虽是所谓的捍卫国体，但只要探究主和派的真实意图的话，就会发现捍卫国体除了是他们出于战败的恐惧而进行的自我保全之外，什么都不是。"从某种意义上说，原子弹以及苏联参战，是上天在保佑我们。我们可以不必基于国内的形势而终止战争。一直以来，我主张收拾局势，并不是因为害怕敌人的攻击，也不是因为原子弹或苏联参战。主要是国内的形势让人担忧。今天在国内情况被按住的情况下，局势就能被收拾，不能不说是一种幸运。"在一旁的米内说的这番话传入了陆相的耳朵。米内说的让人担忧的国内形势到底是什么呢？政治高层、官僚和财阀显然都在考虑共产革命。内大臣木户幸一、近卫和冈田启介等主和派害怕的是由本土决战引起的混乱，以及随之而来的革命——宁要战败，不要革命！他们企图摒弃军部和绝对天皇主义势力，以君主立宪制的形式加以保留天皇制，让天皇作为一个机构，想方设法维持其存续。阿南最终无法原谅身为军人却参与其中的米内。在对天皇的未来毫无保障的情况下，仅凭期待和可能性来促使战争结束，在阿南看来，这是最不忠的行为。

凌晨4点至5点

德川侍从："把我杀了，也无济于事。"

横滨警备队队长佐佐木武雄大尉率领士兵和学生，分乘一辆轿车和一辆卡车，准备从第二国道赶往东京。他们给自己取名为"国民神风队"，从鹤见出发，在深夜道路上飞驰了大约一个小时，正赶赴首相官邸，企图肃清内阁，以避免无条件投降。他们打算在宣布战败这一紧急事态之前，突袭大概仍在开会的内阁会议。

他们的首要目标是铃木首相。佐佐木大尉对4月7日那天，刚刚完成组阁的铃木首相的施政演说至今仍记忆犹新。首相在演说中表明："我已做好将我年迈之躯埋在国民最前线的觉悟，并以此为前提处理国政。诸位也应拿出跨过我的尸体的奋勇之心，发扬新的战斗力……"大尉决定要忠实地执行首相的谈话。杀死首相，跨过他的尸体，为本土决战铺平道路。

佐佐木大尉虽然被自己手下的中队长所背叛，不能再调遣兵力，但他依然没有放弃，成功地说服了拥有轻机枪的小分队。大尉完全没有介意全都是未曾谋面的士兵。只要有人跟随，就可以统率一切。

此外，大尉还成功地煽动了一帮学生，他们是以前通过局势畅谈会等机会结识并一直保持联系的横滨高工的学生。勤劳动员令发布后，在川崎军工厂劳动的尾崎喜男、石井孝一、上田雅绍、村中谕、川岛吾郎等应用化学科三年级的学生，为了应对日益恶化的战局，成立了"必胜学徒联盟"①。佐佐木大尉请求他们加入自己的队伍。

他含泪说："事实上，《波茨坦公告》将于明天被宣布接受。那帮软弱的重臣们之所以会接受公告，是因为他们只顾怜惜自己的生命，不惜毁灭日本。一旦公布，万事俱终。我们美丽的祖国也将会灭亡。

"然而，祖国日本不会灭亡。只要我们坚持战斗，一定会柳暗花明又一村的。如果一旦宣布，连这都不可能了。铃木首相说过，请跨过我的尸体！让我们建立军政，继续战斗吧。我已和东京、犬山以及九十九里等地的防卫队长取得联系，他们会同时起义的……如今是国家危急存亡之秋，我强烈希望民间人士也能参与其中。"

必胜学徒联盟的学生们虽然身为普通百姓，但都有一颗军人之心。因此，在大尉呼吁后，他们纷纷主动加入了起义。尾崎喜男代表大家说："尽管力量微薄，我们也要加入行动。"

---

① "必胜学徒联盟"是由横滨高工的学生自发组成的服务团体。其宗旨是为败象明显的战局贡献一些力量。他们利用休息日，竭力进行整理废墟等义务劳动。佐佐木大尉能和学生们结缘，是因为他也曾是横滨高工的学生，而且都崇拜首任校长铃木达治，并接受过他的教导。

于是，30名士兵、10名学生，还有东方会横滨青年队队长山口仓吉、队员福田重夫开着一辆轿车和一辆卡车，也加入了行动。武器是两挺轻型机关枪、手枪和日本刀等。尽管学生们还只是勉强懂得如何使用手枪，但他们都强烈地希望自己内心涌起的巨大力量能够奉献给祖国、天皇以及佐佐木大尉。

出发的时候，尾崎喜男意识到，一旦参与此次重大行动，估计是不能活着回来了。现在，祖国正在黑暗深渊的底部，保卫祖国的导火索正噼里啪啦地燃烧了起来。学生们在卡车里颠簸前行，他们很紧张，表情僵硬、沉默不语。行动队熄灭了车头灯，以道路边缘的水沟为记号，在漆黑的夜里一路向东，不带一丝犹豫。

首相官邸里，迫水书记官长因为顺利完成了重要任务，此时正安心地躺在临时搭好的床上，舒展四肢，睡着好觉。他压根没有想到自己已被这群血气方刚之士盯上了。在他看来，与其说今天是"战败"，不如说是"终战"。接受《波茨坦公告》不是一种悲哀，而是以充分的勇气将此事具体化，这更接近于理想的实现。无论如何，都必须终止战争，结束空袭，拯救众多的国民，况且，在这一点上已经获得成功。当然，成功的道路上仍然有很多棘手的问题，这是很难预测和预见的。但不管怎样，现在他就想好好休息一下，痛快地睡上一觉。

与此同时，上原大尉对此次起义即将化为"仲夏夜之梦"毫不知情，他驾驶着近卫师团的挎斗式摩托车，在空袭警报下的漆黑道路上飞驰60公里，赶回了埼玉县丰冈的航空士官学校。在警报下站岗守夜的少尉发现上原大尉（担任第三中队的区队长）的身影消失在第三中队的建筑物里。接下来，大尉打算要做的事情已经几乎毫无意义。然而，他对此毫无察觉。

阿南陆相开始着手准备永远长眠这件不得不做的事了。说完"行啦，那就开始准备吧"，他放下了酒杯。陆相站起身来，上半身全裸，腹部则用纯白的漂布包裹着。

"阁下，您有什么话要带给家人吗？"

之所以这样问，是因为竹下中佐觉得自己作为妹夫有义务问清楚这件事。陆相抬头向上看去，略微思索后，说："告诉绫子，我非常信赖并且感谢她。她为我竭尽全力。一定要告诉惟敬，要他注意自己的性格，千万别因为性格过早丢掉性命。包括惟正在内的三个男孩，我倒不用担心，可以放心地去了。惟晟死得真是时候，能跟他一起，我也很欣慰。"

他从容自若地就说了这么多。

此时，井田中佐劝说畑中少佐撤兵，然后直接驱车去了陆相官邸。官邸门前值班的护卫宪兵下士官告诉他，陆相即将自裁，谢绝会客。因为争吵无果，井田中佐正打算回去，此时竹下中佐正巧走了出来。得到许可后，井田中佐也出现在了陆相面前，军服上沾满了汗水和灰尘。

陆相赤裸着上身，目光停留在正用膝盖伏地前行的井田中佐身上。短暂的沉默之后，井田中佐便失去了自制力，连声招呼都没打，眼泪便夺眶而出。面对即将自杀的陆相，井田无话可说，他的思绪完全被无可挽救的失败的现实所控制。政变也罢，阴谋也罢，似乎都未曾有过。在全体陆军心中依然残存着难以放弃的东西，正是为了肃清这些残余，陆相才决定自裁的吧。想到这里，井田中佐能做的只有哭泣。

面对低垂着脑袋的井田中佐，陆相反倒高兴地说："啊，井田，来得正好啊。快进来。"

井田中佐跪坐在陆相身旁，两人的膝盖几乎碰到一起。陆军大臣的心情似乎更好了，问他："我正打算要自裁，你觉得怎么样？"在被带进房间前，竹下中佐曾悄悄地对井田中佐说过："畑中等人的事情还没有跟大臣说呢！"①井田中佐当即决定，不向陆相报告宫城事件了，让陆相就这样毫无牵挂地离去。于是他回答："阁下思虑周全。"

陆相紧紧握住中佐的手，说："是吧，你也赞成？"

井田中佐点了点头。他声音嘶哑，泣不成声。现在，命运的赌注是祖国的续存和荣誉，而不是他井田个人。他是死是活，都跟祖国的命运无关。井田恸哭着，想到了殉死。陆相为了祖国的长存，奋战到最后，让他一个人孤零零地死去，实在是于心不忍。让我这个叛逆者，陪他一起共赴黄泉路吧，这也是理所应当的。

"稍后我会随您同去。"

---

① 以下引自井田正孝中佐的谈话："但是，战后我才知道，当时大臣已经得知了宫城事件。我认为，此事让大臣更急于赴死。虽然有人批评说，明明知道事件的爆发，却不采取对策是玩忽职守。可是，我从中看到了人格局的大与小。我认为，大臣心中具有强大的自信和坚定的信念，他相信只要自己带头死了，那么万事都可以得到解决。大臣的眼里放的是全体陆军，而宫城事件之类的不过是些局部的东西。"

话未说完，陆相便呵斥道："别说傻话了！"接着便给了井田中佐几记狠狠的耳光。中佐被打得情不自禁地闭上了眼睛。等他再次睁开眼时，发现陆相表情安详地在他面前。陆相微微一笑，说："不许说这样的话。死的只有我一人，你有死的必要吗？听好了，不许死。"

陆相张开双臂，紧紧地抱住了中佐。中佐把头埋在陆相的胸前，眼泪浸湿了陆相雪白的胸膛。"明白了吧？明白了吧！"陆相不断地重复着。然而，急于求死的打算已经充斥着井田中佐的内心。任由挨打挨踢，他都决心追随陆相而去，为了说明其中的理由，他必须向陆相报告宫城事件。参与起义的时候，他早已有了赴死的准备，但不能把这个告诉大臣。中佐欺骗了大臣，也欺骗了自己，他答道："好的。"

陆相在井田中佐的耳边继续轻声说："是吗？明白了？那就好。日本的未来就拜托你们了。这需要比死更大的勇气。"

决不能让国民的精神和心魂出现混乱，让绝望在祖国滋生。大臣命令说："要拿出勇气，开创日本崭新的未来。如果连这份勇气都没有的话，你们既会无颜面对自己的祖先，也会让孩子们看不起你们的。"

不久，陆相放开中佐，说："好了，不要哭了。再来最后一杯吧！以后不知何时才能和你们在另外一个世界喝酒呢。"说完，哈哈大笑了起来。

诀别的宴会又重新开始。由于接连喝了好几杯，陆相的脸开始渐渐泛红。竹下中佐有些担心，提醒道："要是喝多了，待会儿手会发颤，不顺利就麻烦了。"

陆相说："我哪有那么容易醉啊……喝了酒后，血流会更通畅，出血充分，很快就能达到目的。再说，我可是剑道五段，不会出错的，这点绝对没问题。"说完，陆相又豪爽地大笑起来。

竹下和井田两名中佐微笑着，附和着陆相的高声阔笑，同时各自也在思量着宫城事件。阴谋确实已经结束了，没有任何挽回的可能了。陆相未采取行动，东部军忙着镇压，占领军的指挥官芳贺联队长也开始起疑心了。

两名中佐不禁感慨万分，在此番情形之下，能悠然自得、谈笑风生的陆相真是伟大。日本帝国已是千钧一发，陆军被逼得走投无路，在这种情况下，闹出两三起事件也很自然，不是人力所能阻止的。陆相想：所有的罪责都让我一个人来承担吧！他坚信：只要我阿南死了，军队便会自动接受一切的。中佐们不禁感慨，这就是陆相人格的伟大之处吧！

接着，两位中佐又想到了仍在顽固坚守皇宫的畑中、椎崎那群阴谋家。如果告诉他们陆相自裁的消息，他们或许会放弃这次绝望的起义，不过他们却丝毫不知情。两位中佐担心，在不安、绝望和被逼无奈的形势下，这些人在与命运和时间的竞争中，会不会陷入自暴自弃，变成彻头彻尾的暴徒。

从凌晨4点到4点20分，陆相官邸的情形就是这样的。然而与此同时，皇宫内却发生了巨大的变化。由于椎崎中佐、畑中少佐等人的疏忽，他们被迫做出了新的决定。考虑到计划的如期进行，他们只保留了警备司令所和东部军司令部之间的一条电话线，以便与外界保持联系。当他们犹豫要不要把它切断的时候，最终却让他们失去了赖以依靠的、支持他们整个行动的支柱——芳贺联队长。

从另一方面来说，这也是东部军参谋长高岛少将不屈不挠的精神所获得的成功。要与皇宫内警备司令所取得电话联系是很困难的，可参谋长并不言弃，一直等到它重新接上。高岛参谋长的性格特点是做事小心谨慎，总是摸着石头过河。他劝阻了欲赶往现场进行镇压的田中军司令官，在不破、板垣两参谋从近卫师团司令部归来，报告完事件的整个经过后，参谋长坚持认为，焦点在于固守皇宫的第二联队长芳贺大佐，和他取得联系是解决问题的先决条件。正是高岛参谋长的执着和谨慎，才让局面发生了变化。终于，高岛参谋长成功地接通了芳贺联队长的电话。

高岛参谋长通过电话，告诉芳贺联队长：师团命令是一部分阴谋策划者的伪命令，要立即取消。

"皇宫护卫部队要立刻解除对皇宫的包围。"

但是，由于通话质量不好，芳贺联队长未能听清全部内容。同一番话在参谋长和联队长之间重复了好几遍。最后，联队长好不容易听到了参谋长说的两句话："师团命令是古贺参谋擅自发出的伪命令"，"立即把接受命令的人送到东部军司令部"。

从这段不得要领的通话中，高岛参谋长突然联想到了另一件事：联队长之所以回答得如此含糊不清，肯定是因为有某位上司在他身旁。这个猜想歪打正着。当时，畑中少佐的确在联队长旁边。参谋长让联队长叫少佐接听电话。少佐接过电话，说："我是畑中少佐。参谋长阁下，请务必体谅我们的热情。拜托了。"

听到这番热情洋溢的话，高岛参谋长大声地喊道："我理解你们的心情。但是大势已定，东部军只会奉敕令采取行动。你们也不要再勉强自己去做那些不可能实现的事情了，那只会牺牲更多。你们只看到了自己的周围，以为自己正在取得相当大的成功，但是你们就像是守在一个洞穴里坚持不投降的残兵败将一样。虽然我很佩服你们抛弃一切个人感情的气节，但在日本，遵守陛下的命令是最正确的真理和最高尚的道德。如今，你们还没有发展到叛乱的程度，现在停止还来得及。好好给我听着，都明白了吧！"

"好的，我会考虑的。但是，我有一个请求。"畑中少佐答道。"在播放陛下录音之前，可不可以给我们十分钟时间？我们想让所有的日本国民都知道，我们为什么会这么做。然后再决定今后的行动。就十分钟，十分钟就足够了。"

少佐几乎都要哭出来了。

"只需十分钟，请东部军帮忙，让我们去广播局。"

畑中少佐那被逼无奈的心情，通过电话深深地传入了高岛参谋长的心中。但是，参谋长斩钉截铁地说："你怎么还恋恋不舍！目前，要尽可能地减少伤亡，这才是你们应该守护的正义。现在的形势已经很难挽回。畑中少佐，你还看不出来吗？"

畑中少佐无力地放下了话筒。在少佐听来，那叮的一声宛如丧钟。他的脸变得僵硬，就在这一瞬间，他似乎老了好几岁。少佐的目光转向了芳贺联队长，眼里充满了哀求：帮帮我吧！给我些力量吧！可是，畑中少佐看到的并不是芳贺联队长的脸，而是"绝望"。联队长此刻把所有事情都弄清楚了，他非常愤怒地对椎崎、畑中、古贺等青年军官们说：

"原来你们正在策划一场叛乱啊。难怪阿南大臣和东部军司令官都没能来呢。他们当然不可能来。你们一直都在骗我。从现在开始，我再也不会按照你们的指示行事了。请你们立刻从这里离开。你们要是继续实施叛乱的话，就把我杀了。杀了我之后……"

说到这里，联队长停了下来。他似乎是在寻找适当的词语。他想到了"国贼"这个词，但是当他看到这些垂头并排站着的青年军官们时，又从嘴边把它咽了下去。

挫折来得太突然了，所有的抵抗都被摧毁。芳贺联队长命令畑中少佐立即撤出皇宫，少佐却昂首挺胸，现在一切都成了他的敌人。通过树敌，以此引发自己最后的斗志。其实，所谓渴求战争就是对自己挑起战争。面对步步逼近的恐惧，畑中少佐打算奋起抗争。

占领皇宫的计划落空了，但实行计划的人还在继续行动着。大队长、中队长们率领士兵，依然在宫内省内进行搜查。第一大队和第三大队的许多官兵在分头寻找录音盘。第三大队的石川诚司兵长清楚地记得，不管用什么手段，上级严令他们，一定要找出录音盘。总之，要与这支疯狂的搜索队取得联系，让一切恢复平静，还需要很长的一段时间。

户田、德川两名侍从成功地与御文库取得联系，在凌晨3点55分前后，他们再次回到了宫内省。为了通报御文库内安然无恙，户田侍从赶往楼上的侍从室，德川侍从则径直去了侍从武官室。中村、清家两位武官都为御文库的平安感到高兴，但又对高声说话的德川侍从束手无策，于是请他赶紧离开房间。

　　走出房间没几步，德川侍从就撞上了那个军官。侍从武官也是军人，德川见他之后，便在想着此人到底是敌是友，一边小心地离开了房间。走了没几步，军官冲着他大声喝道："站住！"德川侍从这才想起，那个军官就是自己从御文库回来途中，在大门外站岗的少尉。这个到处进出的侍从大概是引起了少尉的注意，他对走廊里的哨兵说："把这家伙带走。"

　　德川侍从个头虽小，但很结实。同样，他的内心也非常坚定。尽管被哨兵的步枪押着，他依然不甘示弱地表示："没必要去。"

　　少尉接连喊着："这是命令，命令！"

　　他们来到了进行录音的御政务室正下方。楼上就是重要的内大臣室，几人一组的官兵不断地在楼梯上跑上跑下。德川侍从眼见这番光景，便开口说："如果有事，可以在这里问。"

　　"我们在找录音盘和大臣。你应该知道吧。"军官逼问道，侍从背靠着墙，抱臂于胸前，回答道："我怎么可能知道？"

　　之后又来了3名军官。其中第一大队的大队长北畠畅男大尉对少尉说："没关系，他要反抗，就把他杀了。"

　　有人在背后附和道："就是，把他杀了。"德川侍从并不畏惧，隔了一会儿说："把我杀了，也无济于事。"

　　"也是，只会让刀变钝，算了吧。"少尉生气地说。

　　德川侍从和军官们仍在怒目而视。一部分军官带着士兵到楼下去了。留下来的军官开始规劝侍从：天皇受到了身边亲信们的误导，为了扭转这一情况，现在只能暂时采取不服从的态度。这些道理和发动"五·一五事件""二·二六事件"时提出的逻辑是一样的。在一番漫长的说教之后，军官概括似地问道：

"你这个家伙，身上还有日本精神吗？"

在这种情况下，德川侍从也毫不示弱。他告诉对方，自己也是名侍从："不是只有你们在保卫国家。为了保卫国家，我们大家应该同心协力。"

就这样，他们在狭窄的走廊里持续争论着。这时，从另一个方向赶来的一队士兵停下了脚步，把正在争论的德川侍从团团围住。但他并不害怕。一直保持沉默的第一大队机关枪中队若林彦一郎军曹，终于按捺不住心中的怒火，失去了理智，伸出手，左右开弓，重重地打在侍从脸上。德川侍从发出嘶哑的声音，戴着的眼镜也飞了出去。

机关枪中队藤田忠志曹长挤了进来，阻止道："行了，若林，不要打了。"

4点20分，当德川侍从被打倒在地，屋外仿佛悄悄地迎来了清晨。天空的夜色正缓慢地发生着变化，由暗黑变成深灰，再由深灰变成深蓝。与此同时，在佐佐木大尉率领的"国民神风队"面前，首相官邸那灰色的轮廓已经依稀可见。四周安静得出奇。他们迅速地把两挺轻机枪架在了正门前。佐佐木大尉压低声音，命令道："开火，给我狠狠地打！"

迫水书记官长被机枪声惊醒，第一反应就是敌人的机枪扫射。在隔壁的书记官长秘书室里，计划局长官池田纯久的秘书官赤羽宏治郎也被机枪声惊醒，他打开左右对开的窗户，大吃一惊，即使在夜色中，他也能清楚地辨认出眼前是穿着军服的士兵。此时，一连串四处乱射的子弹正打在墙上。

迫水书记官长的弟弟迫水久良冲了进来，告诉他是日本兵在袭击。经历过"二·二六事件"的迫水书记官长认为应该立即让首相回到自己的私宅，同时他又自言自语地说，战争都结束了，这个时候再把命丢了，实在是太愚蠢了。赤羽秘书官的想法也完全一样，好不容易活到现在，结果被日本兵杀了的话，那可就太惨了。

迫水书记官长决定把一切托付给总务课长佐藤朝生，然后逃出此地。他穿过地下通道，确认了紧急出口没有士兵把守之后，走到了街上。此时，躲在地下防空洞的赤羽秘书官仿佛在观看电影中的场景似的，从一扇小小的窥视窗看着迫水书记官长带着弟弟久良和侧卫官中村袈裟男巡查在走廊上一路狂奔。

机枪停止扫射后，佐佐木大尉和学生尾崎喜男等人没有遭遇任何抵抗就蜂拥到了官邸的大门前。他们命令打开大门。保卫官邸的巡查一声不响地打开了大门，低声对佐佐木上尉说："我非常赞同你们的想法。天皇身边的奸佞必须要被清理掉。首相已经回到丸山町的私宅。你可以去袭击那里。"

佐佐木大尉情不自禁地凝视着巡查，真想和他握个手。大尉决定立刻前往首相的私宅，同时，为了烧毁这令人憎恶的首相官邸，他们把带来的油洒在走廊的地毯上。但是，由于太过粗心，好不容易带来的油其实是柴油，难以点燃，大尉一筹莫展地仰望着天空。直到看着火焰蹿起来之后，大尉他们才驱车赶往首相的私宅。这边，职员和巡查一见他们离开，便立即用准备好的防空用具轻而易举地把火扑灭了。

遭到袭击的不仅仅是首相官邸。凌晨4点半天已大亮，广播会馆被起义的近卫第一联队第一中队①的官兵包围了。士兵们封锁了正门和内门的出入口，切断与外界的联系，并将值夜班的职员（包括常务理事生田武夫在内，大约60名）软禁在第一播音室了。古贺参谋伪造的"近卫命令"仍发挥着作用。

严格地说，女技术员保木玲子②是在4点左右发现异常的。因为保木技术员已经知道天皇将通过广播宣布战争结束，所以当她听到广播会馆前马路上的军靴声时，起初还以为是美军已经进驻了。她小心翼翼地从三楼的值班室窗户向外张望，发现是日本兵后，心里感到了一阵宽慰。

然而，30分钟后，保木技术员为了在凌晨5点广播前对系统进行测试并确认广播中继线，走进了楼下第十三播音室的副调整室。当她看见那里有一个军官和两个士兵时，不禁惊讶万分。副调整室可不是外人能随便进入的地方。军官开口说："我们马上要进行广播，你赶紧做准备！"

就在此时，防空警报解除后，东部军队的预备警报正从扬声器里传了出来。听到这，保木技术员便反驳道："出现相关防空消息的时候，是不能进行广播的。"

军官扯着嗓子咆哮道："你说什么？！"

---

① 各种记录显示：占领广播局的是近卫步兵第七联队，但当时的联队长皆美贞作大佐却否认了这一说法。按照"师团令"的说法，应该是近卫步兵一联队的第一中队。

② 当时由于大多数男技术员应招入伍或被征用，因此培养了许多女技术员，让她们在声音调整室从事操作工作。

保木技术员吓得直哆嗦。

类似的情形在广播局里随处可见。在报道部办公室里，军官用手枪抵着国内局报道部副部长柳泽恭雄，要求进行广播。虽说是威胁，但军官语气乏力，倒显得像是在苦苦哀求。

这时，业务部庶务课课员朝仓正宪巧妙地瞅准起义军的漏洞，成功地从广播会馆逃了出去。黎明即将来临，在空荡荡的马路上，他一路飞奔，来到了第一饭店五楼，向住在这里的报道部长高桥武治汇报了紧急情况。如果广播会馆被占领的话，那么天皇的录音就无法播出。得知消息后，高桥部长惊慌失措。他立刻想到，必须将此事件通知去了皇宫还没回来的大桥会长。他当时根本不知道会长他们已被软禁，只是简单地以为，会长他们受到邀请，留在宫内省过夜了。

由于演艺部的森永武治曾经在宫内省工作过，所以通知皇宫内大桥会长等人的重担便自然而然地落在了他的肩上。此时此刻，熟悉皇宫的内部情况显得格外重要。森永轻松地接受了这个重大任务，稍作准备后，他从新桥站上了电车。电车依旧照常运行。

当混乱在四处扩散的时候，通过那最后一根没有被切断的电话线，皇宫内部首次和外部取得了联系。通过这部连接海军军令部和海军武官室的秘密直通电话，米内海相的秘书官古川勇少佐和海军侍从武官野田六郎中佐在相互交换了情报后，得以掌握了整个事件的全貌。

森师团长被杀害，军队是奉了伪师团令采取行动的，近卫步兵二联队的两只主力——第一和第三大队占领了皇宫要地。但他们可能很快会被东部军出兵镇压……同时，他们发现起义的主谋只有几个人。

户田侍从和脸被打得肿起来的德川侍从在侍从武官室，从陆军的中村武官那里听到了上述消息。中村武官看着德川侍从的脸说："那帮家伙早已丧心病狂，一定要小心。"并安慰他道，"不过，我们已经和外部取得了联系，应该没事了。一切都将结束，再忍耐一下。"

德川侍从回答道："这伤是光荣的。"

"对了，内大臣他们还好吧？"中村武官问道。

德川侍从对侍从武官原本就不信任。他满腹牢骚地认为，就是因为从房间被赶了出来，才会落得如此下场。他怒视着中村、清家两名武官，说："他们都好。藏在很安全的地方。不过，地点无可奉告。"

中村武官继续说着好消息："总之，天亮之后，东部军司令官田中大将就会赶过来。届时，一切都将结束。"

上午5点至6点

户田侍从："军队终于还是要进入御文库！"

在原定5点半的起床时间前的5点钟，上原重太郎大尉叫醒了第四区队员，让他们到自习室集合。在这些年轻队员的面前，大尉显得英姿飒爽。大家都看到了他军服上的血迹。大尉呼吁他们为捍卫国体而起义。他挺起胸膛，大声说："所谓的接受《波茨坦公告》，是陛下身边的那些奸佞们的阴谋。皇军并未投降，要向陛下直言劝谏，眼下战斗到底的态势日益明朗。"尽管上原大尉已经将森师团长被杀害的事情以及"时机已至……"的话告诉了第三中队值周班的士官成濑辰美大尉，但没有告诉区队员。尽管如此，谁都能轻而易举地猜到已经有什么事情发生了。

和远离东京的上原大尉不同，身居中央的畑中少佐他们已经迷失了方向。在面临究竟是战是和的紧要关口，他们差一点就能领导这个国家了，可最终还是被历史抛弃了。只差一步，这对他们来说并不是安慰。此时，他们咽下了悲哀和屈辱的苦酒，正打算沿着自己的路继续前行。虽然坚守皇宫失败了，但他们指挥了一个中队——近卫步兵第一联队第一中队，成功地占领了广播局。他们终于有机会可以向日本国民发出呼吁了。他们不是针对陆军，而是针对国民，陈述日本不能无条件接受《波茨坦公告》的理由。他们不是在辩解，而是在抗议。

畑中少佐从皇宫被赶出来后，带着少尉和两名士兵，来到广播会馆的第十二播音室，把手枪对准了播音员馆野守男。少佐带着痛苦的表情说："5点播报（新闻）的时候，让我来广播！"

馆野播音员暗自下定决心，即便是取消5点的报道，也决不让畑中进行广播。14日晚上，他已从陆军报道部的临时职员平井政夫那里得知"军队即将占领广播局"。面对眼前这把手枪，馆野守男心想，即便是被他们杀了，也不能把广播局交给这帮猖狂的军人。

"现在仍然处于警戒警报的状态。要想在警报状态下进行广播，必须和东部军管辖区域联系。另外，如果要想在全国进行转播，还必须和各地方广播局进行技术上的磋商。"

馆野播音员需要有相当大的勇气才能这样拒绝。可是，少佐并不准备接受。为了5点的新闻报道，播音员正坐在麦克风前。难道不是马上就要开始播音了吗？既然如此，少佐为什么就不能代替他进行广播呢？而且，事实上，馆野的声音已经通过电波传了出去。

馆野播音员反复重申：没有东部军的许可是不能进行播音的。而畑中少佐深知：即使去征求东部军的许可，他们也肯定是不会同意的。少佐右手拿着写在粗纸上的播音原稿，左手举着枪，与馆野播音员彼此僵持不下①。

5点10分，在塚本副官和不破参谋的陪同下，皇宫内侍从们翘首以盼的田中军司令官乘车来到了近卫师团司令部。田中军司令官采纳了高岛参谋长所提的意见，鉴于天黑不利于掌握官兵情况，只得焦急地等待黎明的到来。终于，黎明来临了，田中军司令官开始着手镇压暴动。

在近卫师团兵营院里，头戴钢盔的联队长渡边多粮大佐，奉假命令正指挥着近卫步兵第一联队的官兵，全副武装地准备向皇宫开进。此时，一辆车子停在了正前方，车子刚一停下，不破参谋便跳了下来，大声喊道："军司令官阁下到！"

部队只好原地待命。田中军司令官和渡边联队长一同来到联队长办公室。森师团长已被杀害，所谓的命令都是假命令，当渡边联队长从田中军司令官那里得知真相时，大惊失色。根据联队长的报告：师团参谋石原少佐就在隔壁，第一联队由他指挥。②田中军司令官命令

---

① 关于占领广播局、强行要求播音的"少佐"是谁，有一种说法是小松少佐，他隶属于留守第二师团第三联队补充队的东部第六部队。仅从时间上判断，也有可能是畑中少佐。因为从被驱逐出皇宫到赶赴广播局，时间上绰绰有余。东部军参谋稻留胜彦大佐手头的资料还记载着，后来田中军司令官从皇宫回来后，立即下令："畑中少佐在广播局，立即将其逮捕！"可是，在NHK的"广播史编修室"中，畑中少佐的照片被展示，试图唤起相关人员的记忆。有的看过照片的人说："就是他！"有的却说："不，不是他！"这一点无从证实，至今依然还是一个谜……

② 起义军的计划是：石原参谋指挥第一联队，古贺参谋指挥第二联队。从某种意义上来说，这个计划获得了成功。高岛参谋长拼命想与第一团长取得联系，却没有头绪，最终未能联络上。

不破参谋将石原参谋带过来。

起义指挥者之一的石原参谋没有丝毫畏惧。他脸色苍白，紧咬嘴唇。军司令官看着面前这个直立不动的参谋，严肃地说：

"你们今天的所作所为真是不得了。身为帝国军人，一旦圣断下来，只能绝对服从。你们这是叛国啊！"

石原参谋没有打算做任何反驳，当着军司令官的面，任由其怒喝，似乎在默默地接受着失败的事实。

军司令官命令不破参谋："把他抓起来！"万念俱灰的石原参谋没做任何抵抗。无论是肉体，还是精神，都已全线崩溃。石原脸上的表情仿佛是在说：最后时刻快点到来吧，这是我唯一的愿望。他不再是一名光荣的军人，而是一个罪人，不破参谋把作为罪人的叛逆者交给了在室内待命的宪兵曹长。

随后，田中军司令官打算从乾门赶赴皇宫。在逮捕石原参谋的同时，军司令官通过渡边联队长，打电话给皇宫内的芳贺联队长，命令他在乾门迎接军司令官。事件正在快速解决。黑漆漆的大门紧紧地闭着，军司令官的车子正朝着它飞驰而去。步哨戒备森严，并且上了刺刀，他警惕地端起枪，盘问道："是谁？"

"军司令官！"田中司令官凛然地答道。

在石原参谋被逮捕之际，侍从户田康英穿过红叶山隧道，朝御文库走去。他想把通过仅剩的直通电话勉强得知的"东部军司令官不久将出面镇压"的消息告诉御文库的入江侍从等人。由于只身前往，多少有些害怕，于是户田侍从让大重侧卫紧随其后。

不出所料，在到达吹上门的时候，他们被严格地盘问了一番：

"我是侍从户田，请让我们过去！"尽管一再请求，可少尉坚称："谁也不能过去。"争论中，户田侍从忽然想起了德川侍从肿胀的脸庞。吹上御苑郁郁葱葱的树林上方，一只鸟冷不防发出一声啼叫，户田侍从仿佛听到了自己的哀鸣。

这时，第一大队的小山唯雄准尉恰好经过此地，他听了少尉的报告后，随口说："没关系。放这些小职员过去，没什么大不了的。我们现在正商量要不要进入御文库。不过，大概是会进去的，到时候，这些犹如树叶一般的家伙妨碍得了我们？"

户田侍从听到这个消息，满腹愁云地进了御文库。"如此说来，军队终于还是要进入御文库！"户田侍从的脸色阴沉下来。广幡皇后宫大夫、入江侍从、永积侍从等人满脸困意，聚在一起。军队要冲入陛下所在的御文库，难以想象的恶性事件即将发生，是依靠护卫官的枪和刀死守呢，还是投降？藤田侍从长推开一扇没有上锁的铁窗罩，偷偷地向外张望了一番。①只见从吹上门到御文库，士兵们不断地聚拢过来，部署在周围。他们正架起机关枪，把枪口对准御文库。第三大队的石川诚司兵长记得自己接到的命令是："有人计划把天皇陛下带到别的地方。为了保护天皇，凡是想把天皇带出去的，一律击毙！"直到此时，陆军省才得知事情的全貌，上下乱成一片。多数军官首先想到并担心的是，陆相会不会被人推举为

---

① 侍从长藤田尚德这天回到旧本丸内的机关宿舍后就睡下了。在从皇宫警察那里得知事件后，就立即去了御文库。当迎面碰到装配着刺刀的士兵时，他都会弯着腰对他们说："各位辛苦了！"他就是这样一路走到御文库的。谁也没有想到这个身材矮小的老人就是侍从长。

事件的领头人？兵务局长那须义雄少将最先知道事件的真相，他也担心叛军会拥立大臣，连忙和来上班的若松次官商量，决定无论如何都要把大臣从血气方刚的青年军官手里带回来。绝不能让陆相变成另一个西乡隆盛。陆相是全体陆军的支柱，要是让这位忠诚的将军蒙上国贼的污名，那么全军都将崩溃。

那须局长丝毫没有犹豫，他立即驱车赶往陆相官邸。那须局长离去后，在陆军省昏暗的走廊里，围绕谁该负责镇压事件的问题，荒尾军事课长与参谋本部作战课长天野正一少将唇枪舌剑，进行着激烈的争论。天野课长主张：既然已经调动军队，那就该由作战课来负责；而荒尾军事课长反驳道：即使出动了军队，也是国内问题，应该由军事课负责。

就在这场遵纪守法的辩论没完没了地进行之际，在那须局长前往的陆相官邸里，陆相终于结束了酒宴，站起身来，穿上了纯白色的衬衫。

"这可是我在做侍从武官时，陛下赐予的，天皇曾穿过的贴身衣物。我想穿着它走。身为一名军人，这可是无上的光荣。"

接着，陆相把所有的勋章佩戴在军装上，穿上以后，又把它脱了下来，小心翼翼地叠好，放在壁龛前面，叮嘱道："等我死后，再帮我穿上！"

陆相打算穿着天皇曾穿过的衬衫，用天皇赐予的勋章来装饰自己的遗体。井田中佐默默地抬头看着陆相，泪水再次夺眶而出。陆相把二儿子惟晟的照片放在壁龛前军装的两袖之间。在中国战场作战中，他在21岁的时候，以年轻的生命，先于父亲死去。看到大臣这样，竹

217

下中佐突然想到了乃木大将。

5点半，宪兵司令官大城户三治中将来到官邸，打算报告近卫师团起义一事。陆相命令竹下中佐："你去见宪兵司令官。"然后又让井田中佐在走廊外守着。房间里只剩下了陆相一人，他穿着衬衫，静静走到了走廊上。

5点30分，东京迎来了日出。与此同时，防空警报又一次响起。尽管陆相官邸窗外的滑窗紧闭，但是黎明时分的阳光依然可以通过缝隙照进来。陆相端坐在冰冷的走廊上。在内心深处，陆相认定自己是罪人，要给自己定罪。假若果真如此，他宁愿作为陛下的罪人死在庭中。如此谨慎稳重的将军，是不会允许自己死在榻榻米上的。陆相缓缓地拿起一把细长的短刀。

竹下中佐回到房间的时候，陆相已经完成切腹了。

当陆相穿着衬衫走到走廊之时，佐佐木大尉等"国民神风队"正带着机关枪，袭击了位于本乡丸山町的铃木首相私宅。但是，他们也没有在这里抓到首相。在"国民神风队"到达之前，铃木首相夫妇就得到了消息，与铃木一、铃木武两名秘书官，从后门逃了出去。

"叛军烧了官邸。现在那些人正驱车赶往您那里。"

接完电话，首相迅速逃离，家里只剩下了用人原百合子一人。佐佐木大尉和学生尾崎等人从前门一拥而入。原百合子在14日傍晚得知战败的消息，已经做好了赴死的准备。谣言说美军会奸污所有的女性，对此她深信不疑并率直地觉得宁死也不愿遭此毒手。她略施粉黛，又换了一条新裤子。此时，她已做好了死的准备，所以没什么好畏惧的了。

佐佐木大尉拿刀指着这个化了淡妆的女人，问道："首相不在吗？"原百合子回答说："不在！"她本打算故作镇静，却因为情绪异常而抬高了声量，声音大得甚至令她怀疑这是不是自己的声音。

尾崎等学生和士兵们搜遍了所有的房间，用刺刀插进壁橱。尾崎对原百合子说："我们不会伤害你的，你到外面去吧！"

士兵们飞快地捅破了纸拉门并点着了火。原百合子不顾一切地把手伸向水桶。

"你要是把火灭了，我们就杀了你！"

一个士兵恶狠狠地把她撞到一边。

火焰在黎明的晨曦中高高升起。看着未在空袭中烧毁的房子，却被暴徒烧成灰烬，原百合子心如刀割。消防车很快赶来了，但面对眼前的机关枪，众人毫无反抗之力，只能袖手旁观，眼睁睁地看着柱子着火，大梁掉落，屋顶严重向右倾斜，房子最终坍塌。①

阿南陆相面向皇宫，坐在走廊里，身体开始微微向右倾斜。然后轻轻摇晃起来。那须局长看到陆军大臣背影时，怎么也想不到他已经切腹了。那须局长匆忙赶到这里，本想要将陆相从青年军官的手中抢回来，但陆相官邸一片静谧，让他有些泄气。那须局长曾想，作为起

---

① 首相的逃亡是非常幸运的。首先，佐佐木大尉们的车子开过了一条巷子，然后才慌忙返回的。这为首相他们创造了逃脱的机会。其次，若在平时，车子都是倒着开进去停放的，而那天碰巧车子是朝着便于逃跑的方向停着的。原本车子没能顺利地爬上斜坡，在原地打滑，就在私宅警官们把它推上去之时，佐佐木大尉一行闯进了空无一人的家里。真可谓千钧一发。关于这一幕幸运的逃亡剧，在《圣断——天皇和铃木贯太郎》（文春文库1988年刊）中有详细记载。

义军的司令部，官邸早应被众多的士兵和机关枪团团围住，所以他是抱着赴死的决心闯进来的。但是在前门附近，就只见竹下、井田两名中佐在窃窃私语，周围没有一个士兵的身影。尽管如此，那须局长还是朝着陆相的背影，说了一句憋在心里的话："我是来接您的。"

只听陆相大声训斥那须局长——事后回想起来，陆相那一声大喝太过铿锵有力，甚至有点儿让人不知道是从哪里发出来的：

"你来干什么？滚回去！"

听到这声怒喝，那须局长情不自禁地凝望了一下陆相，才发现他那微微下倾的右颈上已经布满鲜血。原来，陆相已经剖腹自刎了，那须局长的心被深深打动了。

接着，那须局长双手撑地，跪拜在陆相身后，犹如参拜"活神仙"一样。在另一间房里，竹下中佐好像想到了什么，正悄悄地把他那恶魔般的诅咒吹入井田中佐耳中：

"我这里保管着大臣的印章。如果想干的话……可以假借大臣的命令，号令全军。哎，干吧！难道就这样束手就擒，败下阵来吗？"

井田中佐简直不敢相信自己的耳朵，情不自禁地凝视着竹下中佐的脸。这难道是大臣的意图吗？原来如此，如果让大家知道陆相内心的真实想法是"只要自己死了，一切都会好起来的"，那么可以理解为，他是在期待或是坚信自己死了以后，大家还能坚定地站起来。但是，井田中佐又想到了，陆相如此从容地直面死亡，不正是委身于历史长河的洪流，豁达地看待人生的表现吗？事到如今，拼命挣扎又有什么用呢？"假命令很快就会被发现的。再说，这样做能让大臣高兴吗？"

竹下中佐立即收回了刚才的话，说："我只是在开玩笑。"

竹下中佐不知道是什么因素让大臣孤零零地作为罪人死去，但是他想把自己的愤怒发泄出来。他想以某种方式让心中的悲哀、愤慨爆发出来。即使他明白这样根本就是徒劳……

演艺部的森永武治在东京站下了电车，立即向皇宫飞奔了过去。战败的早晨似乎比平时来得更晚，下车的人很少，车站前的广场如同坟地，万籁俱寂。太阳早已照射在这片焦土之上，预示着今日的酷暑。森永一边擦着汗，一边近距离看了看皇宫。森永的脑海里浮现出了一些莫名其妙的想法。日本战败了，从明天开始，星条旗会不会在这里飘扬呢？他摇了摇头，像是要把这些想法赶出脑海似的。

机关枪架设在坂下门，枪口朝外，在旭日下闪闪发光，仿佛在告诫所有人：禁止入内。森永部员下意识地逃了出来，因为对皇宫的地形非常熟悉，所以他立即决定从坂下门和大手门之间的内樱田门进入，那里应该是安全的。

他的判断是正确的。虽然在内樱田门也有官兵驻守，但只有区区两个人，并且一旁站着的皇宫警卫官还是熟人。这名警卫官劝他："没用的，还是回去吧。"森永回答说："我有特殊的使命在身，不能回去！"他坚持要闯进去。两个士兵也没有阻止他。

森永那会儿并不知道，皇宫是政变的中心，也是上演终战闹剧的主场地，政变虽然失败了，但混乱依旧在持续。在他眼里，皇宫里的一切都显得异样。在宫内省前的丸池，森永看到那些不合作的皇宫警察被上刺刀的士兵团团围住并解除武装的情景，一瞬间想到了自己居然进入了一个如此危险的地方。但是，他很快又意识到，比起自己眼下的处境，尽快向大桥会长报告这一特殊使命更重要。他是一位忠于职守、精力充沛的男人。

上午6点至7点

天皇："让士兵们听听朕的心里话吧！"

在御文库里，侍从们依然在认真地讨论着应对军队入侵的措施。与森永部员不同，他们直面叛军的暴动已经有四个小时了。不久前，三井侍从突然出现在大家面前，得意地说："这次真的很顺利！无人阻拦，一路畅通。"结果，当户田侍从告诉他军队要入侵御文库后，三井感到大事不妙，自己正一步步地滑入深渊。

的确，事实证明事情似乎正朝着坏的方向发展。军队随时都有可能闯入御文库。思来想去，也没有什么好主意。最终只能商定一个不太可靠的方案，要是士兵真的闯了进来，就带他们在众多的房间里来回兜圈，借机让天皇和皇后逃走。

他们周围没有任何东西可以与机枪和步枪抗衡。如果说有什么武器的话，那就是皇宫警察本部里的那些东西了，但是连这些武器都要被近卫兵没收。当身为侧卫队长的小菅警部来到御文库商量解除武装的消息时，大家都感到十分沮丧。

小菅警部说："一名近卫军大尉来了，命令我们解除武装。"

入江侍从让小菅警部振作起来："不用理他，你就说'要是皇宫警察部长的命令，不管怎样还会执行，仅凭军队的命令，我们是不会缴械投降的'。"

"的确，我就这样说！"小菅警部嘴上信誓旦旦地说着。可是，他离开御文库时，却是一副垂头丧气、一去不复返的样子。侍从们面面相觑，纷纷担心会不会说过头了，反而让情况变得更糟了呢。近卫兵不会杀了小菅警部吧？要是这样被缴了械，一旦遭遇攻击，只会被打得落花流水，毫无反抗之力。

森永部员所看见的正是解除武装：警察们站在晨曦中，从外套到裤子，都被脱掉了。

由于御文库的铁门关得严严实实，完全听不到外面的动静。既没有鸟叫，也没有蝉鸣。不仅如此，盛夏灼热的阳光也和这里毫无关系。所有人都在昏暗的电灯下，屏住呼吸，困窘至极。

户田、三井、入江三名侍从认为：一旦政变变得残暴起来，我们这些人就无能为力了。在军队进入御文库之前，户田侍从说："必须叫醒陛下……"因为惧怕士兵闯入，三个侍从的脸变得僵硬，胸口感到疼痛难忍，腰部以下瘫软无力。三井、户田两名侍从肩并肩向御文库深处走去，为了不被对方嘲笑，两个人都努力硬撑着几近崩溃的身体。

天皇立刻醒了，随后便出来了。三井侍从毕恭毕敬地低下头，报告了皇宫被占领的实情。

天皇猛然一惊，问道："是政变吗？"

户田侍从向天皇报告了军队在内廷的胡作非为，以及木户、石渡两名大臣都安然无恙的情况。

天皇沉思了一会儿，说："我出面吧。通知他们在花园集合，朕亲自去开导他们，和士兵们倾诉一下朕的内心。"

两名侍从都被感动得差点掉下眼泪，心情沉重，感觉怎么也抬不起头来。

天皇又补充道："不管怎样，叫侍从武官长来吧。"

莲沼侍从武官长被软禁在宫内省，去叫他绝非易事。每个人都想到了架在御文库外的机关枪。只有从它前面突破。三井侍从对最年轻的户田侍从说："拜托了。"户田侍从随口答道："此事由身为庶务课长的您来做就好啦！"

就在这场重大的讨论仍在御文库进行之时，田中军司令官刚跨进乾门，就见到了芳贺联队长，并告诉他，昨晚所有的命令都是假的，近卫师团长已被畑中少佐等叛军杀害。联队长深深地叹了口气，说："师团长阁下果真还是被杀害了吗……"

田中军司令官像是给出了肯定的回复，严令道："从现在开始，就由我田中来指挥近卫师团。"

事件正式宣告结束。田中军司令官又命令芳贺联队长："立即撤兵，返回原位。处理完毕后，向军司令官报告执行情况！"

接下来，田中军司令官赶紧朝皇宫内的御文库走去，他要向陛下报告事件的处理情况。通往御文库的是一条宽阔的道路。一名侍从戴着一副度数很深的眼镜，沿着那条宽阔的路对面小跑了过来。

三井侍从奉天皇的命令，豁出性命，飞快地赶往内廷去找莲沼侍从武官长。当他看见迎面走来一位军官模样的军人时，情不自禁地放慢了脚步。心想，此人大概就是叛乱军的头目了吧。

两人正要擦肩而过，田中军司令官问道："侍从长在吗？"

尽管侍从长藤田尚德的确是在御文库，但三井立刻撒谎道：

"不在。"

"侍从武官长在吗？"

"他也不在。"——不过，这说的倒是真话。本来他就正打算去叫莲沼侍从武官长的。

"陛下呢？"

"陛下在。"

田中军司令官笑了起来。"你不用这么惊慌，叛乱已经被镇压下去了，不用担心。我是……"一边说着，一边把自己的名片递到了三井侍从面前。侍从看着名片上的文字，体内紧绷的那股劲儿逐渐消失，紧张的心情也松弛了下来，他长叹一口气，说："啊，原来如此，谢天谢地。"

三井眼前的此人正是东部军管区司令官——田中静一大将。

"陛下还在里面，而侍从长、侍从武官长却不在，这不是很奇怪吗？"

三井侍从窃窃自喜，挠挠头说："不，其实侍从长在里面。但侍从武官长还在外面，我正要去叫他。"

三井侍从带着田中军司令官进了御文库。当军司令官打开御文库窗外的铁窗罩时，入江侍从感觉自己从未见过如此鲜艳、如此炽烈的红日。它高悬在半空，耀眼且巨大，呈现出的颜色犹如融化的熔浆。

"很抱歉让您受惊了，已经没事了！"田中军司令官掷地有声地说。

畑中少佐去了被第一中队占领的广播局，此时，椎崎中佐等人还留在皇宫内。当椎崎中佐得知他们的计划因田中军司令官的镇压而泡汤时，瞬间神色骤变，拔出了军刀，突然奋力朝松树砍去。他用尽全身力气的"一刀两断"，不过是军刀差点儿被折断。他想，或许就这样斩断了自己的执迷不悟吧，紧接着是一声含混不清的大吼。森永在看到这一幕的时候，不禁浑身发抖。

就在皇宫的骚乱被平息下来的同时，畑中少佐在广播会馆内的最后挣扎也终于走到了尽头。少佐们收起手枪，一遍又一遍地要求让他们向全体国民表明内心的想法。态度与其说是威胁，不如说是恳求。柳泽副部长、和田信贤播音员等人都以同样的理由拒绝："在空袭警报未解除之际，如果没有得到东部军的允许，不得播出任何广播。"

说是这么说，广播局还是采取了万全之策，以防万一。技术局现业部主调整主管西岛实事先已经切断了广播会馆和广播所的联络线路。即使畑中少佐要强行播音，也只是徒劳。

在报道部部长办公室，双方的对峙依然继续着。畑中少佐时而意志消沉，时而又气势汹汹，精神已经完全崩溃。这时，东部军参谋给畑中少佐打来了电话。

少佐拿起话筒，试图说服对方。他喋喋不休地声称，为了维持君臣一体的国家体制，除了彻底战斗，别无他路。他已不再是刚刚那个手枪在握、眼睛充血的少佐。现在的他只是一个既焦躁又胆怯的男人，一个面颊消瘦、嘴唇发紫的败寇。

出于职业习惯，馆野播音员呆呆地看着畑中少佐，目光扫到了少佐放在桌上的播音草稿。不过，也就仅仅看清了一行字。上面写着"负责守备皇宫的我部队"。少佐仍在苦苦相求，尽管不知道电话对方是谁，但馆野播音员能够察觉到那个人正在竭力劝说少佐放弃。少佐却不甘示弱，一再恳求对方："只要五分钟。我要把我们青年军官内心的真实想法告诉国民。"不知疲惫的畑中少佐进行着最后的努力。

过了一会儿，畑中少佐说："那我别无选择。"他放下话筒，一动不动地站在原地，抬头看了一会儿天空。不一会儿，他的身体摇晃了起来，差点向后倒去。他连忙退后两三步，转过身，用拳头使劲地擦了擦眼角，然后，转过身，对其余的军官们大声说：

"该做的我们都做了。都结束了！"

一直坚持到最后一刻的畑中少佐等人就这样结束了有组织的抵抗，他们的"宏图"全都落空了。

现在还在继续活动的只剩佐佐木大尉的"国民神风队"了。早上7点，畑中少佐等人开始撤离广播局。五六分钟后，男爵平沼骐一郎枢密院议长位于西大久保的家就被大火吞噬了。"国民神风队"在烧毁了首相私宅后，又在返回横滨的途中冲入了平沼的私宅。他们的袭击手法着实巧妙。

"平沼，就是臭名昭著的亲英美派头目，就是他，想要让我们的神国日本毁灭。"

佐佐木大尉冲着燃起熊熊烈火的平沼私宅，挥舞着各种手势，大声地谩骂着。大火熄灭后，偌大的私宅仅存下一间车库。佐佐木大尉他们也不知道平沼议长是死是活，分别坐上汽车和卡车，头顶朝阳，一阵风似地飞驰而去。平沼则立刻躲进了附近国本社总部的建筑中，平安无事。

从太平洋上的机动部队起飞的美舰载机一○三机的第一波空袭部队正沐浴在同一片阳光下，两侧机翼闪着银光，出现在关东平原上空，准备发起攻击。但在此之前，密苏里号战舰上的"蛮牛"哈尔西将军收到了来自太平洋舰队司令长官的命令。

"停止空中袭击。"

那时是6点14分。当时，执行第二波攻击的小队正朝着目标地区前进，而执行第三波攻击的小队已在各自航母的甲板上，一个个开始暖机运行了。

据说哈尔西接到"日本投降"的报告后，首先想到的词是"胜利"。这位"猛将中的猛将"也十分感谢上帝，因为他不再需要命令军队赴死征战了。他立即向所有进攻部队的指挥官发出命令：立即停止进攻，马上返航！

上午7点至8点

馆野播音员："请全体国民谨听玉音。"

那天早上，不同的人们在不同的地方，怀着不同的感慨，仰望着同一轮耀眼的朝阳。

从私宅逃出来的铃木首相来到了位于本乡西片町的妹妹家，然后往自己家中打电话，告诉电话那边的人说自己已经到了本乡。没想到对方竟反问："啊，你是贯太郎吗？"看来，私宅已被叛军占领，本乡这里也会成为他们的目标。无奈，铃木一行只得再度逃离。真是辗转流离，或许这就是战败国首相该有的逃亡吧。他们又朝位于芝白金的弟弟铃木孝雄大将的私宅赶去。好不容易到达住所，跨进大门的时候，铃木一秘书官抬头仰望了一下天空。清晨的天空万里无云，耀眼的阳光照射着他的眼睛，似乎在表达脱离险境、得以幸存的喜悦。

竹下中佐在从陆军大臣官邸赶往陆军省的途中，也抬头看了看那个太阳。一大早，太阳便发出耀眼的光芒，预示着当天的高温。

中佐联想到陆相那顽强的生命。

竹下中佐在离开官邸之前，给位于三鹰的陆军大臣私宅打了电话，将陆相自杀一事告诉了自己的亲姐姐，也就是陆相夫人，让她马上过来。姐姐似乎早已有心理准备，异常冷静。中佐觉得这样就好。在他即将离开官邸的时候，感受到了一切都已结束。头顶上冉冉升起的太阳发出了耀眼的光芒。

到达陆军省后，竹下中佐向若松次官报告了大臣自刃的消息。听完报告，次官问道："据说大臣的遗书里写着'以一死奉谢大罪'，请问您觉得这'大罪'是指什么呢？"中佐明白其实次官是在问：近卫师团的宫城事件与大臣是否有直接的关系？为了以后的事，中佐觉得，必须澄清宫城之事与陆相自刃之间的关系。

"关于'大罪'是什么，我并没有特意问过大臣。但是，我觉得陆相代表全体陆军官兵，对过去和现在陆军的所作所为表达了歉意。这些行为可能是在'满洲事变'以后，陆军领导国家进行了'大东亚战争'，没想到最后却落得今天这个局面。"竹下中佐一边说，一边反思，"是不是我们所有的陆军军人都要服罪？战败的罪名应当都由陆军来承担？陆军应当受惩罚，因为他们高呼统帅权的独立，无视政治，先斩后奏，为所欲为地处理一切事情。"

17个①男人从警备司令所最内侧的房间被释放出来的时候，感受到的阳光与铃木一秘书官、竹下中佐所感觉到的大不相同。在这间令人窒息的房间内，他们被足足软禁了六个小时，禁止窃窃私语，无法

---

① 中途，青年军官将荒川局长带走了，军官让局长带路前往广播局。

入睡，对外界情况一概不知。他们只知道好像发生了政变，可是，陛下怎么样了，广播局和报社呢？铃木首相、东乡外相的脸不断浮现在眼前。恐惧已经超越了极限，紧紧地揪住了他们的心。

川本秘书官嗓子干渴，心想：要是就这样渴死的话，肯定会死不瞑目的。趁着看守每隔一小时换一次岗的时候，他从门缝里可以瞥见卫兵营里的军官们正在谈笑风生地喝着茶。这让川本秘书官感到格外愤怒。我们这里还有很多老人呢，你们也该多考虑一下他们，照顾一下他们啊。然而，秘书官发现，情绪高涨会让他觉得越发口渴难忍。

天亮后，一个士兵突然走了进来，对他们说："让你们久等了。这边请。"——就这样，大家被释放了。17个人心里全都愤愤不平。什么叫让您久等了？一走出房间，川本秘书官便大声吼道："给我来一大杯水！"

他们终于走到了屋外。阳光灿烂，森林葱郁，小鸟正在晨鸣，空气甜美清新，这一切都在展示着生命的美妙。昨夜，在刺刀林立的警备司令所周围，现在只有几个士兵在悠闲地打着哈欠。17人中有几个也已大大地伸了个懒腰，打着哈欠。

森永终于在这里见到了大桥会长。他被带着在皇宫里四处乱转，反复被问"特别命令"到底是什么，但森永始终拒绝回答。现在，天下终于太平，他向会长汇报了特别命令。但是，对于大桥会长以及矢部局长等人来说，广播局被占的坏消息，已经让他们感受不到重获自由的喜悦了。

田中军司令官是给这17个男人带来巨大喜悦的特等功臣。此时，他正在藤田侍从长面前，深深地低着头表达歉意："希望侍从长能替我向陛下深表歉意。因为田中的行动晚了一步，给陛下带来了巨大的不便，对此我表示由衷的歉意。"

藤田侍从长心想，就算是违反规定，也要把这位一再恳切道歉的军司令官带到陛下面前。

田中军司令官从御文库出来后，带着副官和三井侍从，驱车前往宫内省。那里叛乱的余烬尚未熄灭。莲沼侍从武官长依旧被软禁着，木户、石渡两位大臣仍无法从金库脱身。而在其中的一间房里，只剩下一位起义的主谋——古贺少佐正无力地呆坐在椅子上。宫内省四周都是上了刺刀的哨兵。但是，田中军司令官对此毫不畏惧。车进来后，他随即大声呵斥："我是军司令官，让路！"就这样，他顺利地进了宫内省。

莲沼侍从武官长在看到田中军司令官的瞬间，感觉自昨夜以来的紧张感顿时消退了。"真的是万分抱歉，不胜惶恐，向您赔罪。"田中军司令官说。莲沼武官长问他："这真是让人伤脑筋啊，到底是怎么回事？"于是，军司令官说明了事件的原委。

莲沼武官长第一次得知发生了如此危险的事情，不禁感叹道："你们干得很不错，不过阿森真是太可惜了。"

"是啊，他们杀死了一个令人惋惜的军人，我深感责任重大。"说着，军司令官的脸上流露出了悲痛的表情。

7点35分，莲沼武官长来到御文库，觐见天皇。武官长报告了昨天晚上的情况，并禀告了"经田中军司令官的妥善处理，事件已得到平息，以及森师长殉职"等事情。对森师长的死，天皇感到十分难过。

"那什么时候见田中好呢？"天皇问道。

侍从武官长答道："下午5点左右如何？"

天皇答应了："把此意转达给田中。"

7点21分，也就是14分钟前，一个让举国上下震惊的"预告"随着电波，传遍了全国。由于广播局被第一中队占领，播出时间比预定时间晚了2小时21分钟。虽然内容和昨晚9点最后报道中预告的相同，但在昨晚9点的报道中，使用的是"重要播报"，而现在则改成了"天皇陛下亲自播报"。

馆野播音员平静地念完了广播预告的全文。他知道，这意味着战争的结束，所以语调严肃而凝重。

"现在开始播音。诚惶诚恐承蒙陛下颁布诏书。……诚惶诚恐承蒙天皇陛下于今日正午亲自进行广播。不胜惶恐，请全体国民谨听玉音。"

这时，馆野播音员又把刚才的话重复了一遍："请全体国民谨听玉音。"

在稍做停顿后又继续播音："中午广播时间，将特别对白天没有供电的地区供电。另外，在政府机关、事务所、工厂、停车场、邮局等地方，请尽量打开收音机。全体国民务必以严肃的态度，谨听御言。请做好收听安排。广播将在正午开始。"

馆野播音员擦了擦汗水，再次重复道："广播将在正午开始。"

作家高见顺在日记中记下了对这次广播的质疑：

警报。

我正打算听消息时，收音机里传出正午有重要播报的通知，说是天皇陛下要亲自广播。

天皇亲自播报，这还是第一次，之前从未有过。

"怎么回事？"之前已经说过明天将会宣布战争结束的，但是，难道天皇陛下会因为此事，亲自向国民赐话吗？

抑或是与之相反。敌机来袭，这太奇怪了。如果已经休战的话，敌机就不会来了呀……

"要是天皇陛下说：请大家都跟朕一起死，那我们大家都必须死吧。"妻子说。

我心里也想到了：到了最后关头，才有话告诉大家，若是这样，为什么不早点说呢？

作家长与善郎也在其日记里描述了当时的惊讶：

我的天啊！直到两三天前，我都还在想象，在决定成败之际，在日本处于亡国的边缘之际，除了陛下通过广播亲自播报之外，别无他法。这是镇压暴动、拯救国家的唯一出路，是最后的一张王牌。从去年开始，我就这样认为，并且也曾与人提及过，甚至我还记得和朋友说过这样的话。

然而，那都只是我的幻想，我无法相信这居然会成为事实。我原以为，所有情感上的障碍，都会在这个生死关头阻碍它的发生。可是，尽管并不容易，却如此迅速地成了现实，这是有史以来给日本带来翻天覆地变化的事件。

大桥会长、矢部局长等人则怀着不同的感慨听完了预告。广播局完好无损，自己也安然无事，他们为此由衷地感到高兴。

7点40分过后，警戒警报也被解除了。

上午8点至9点

铃木首相："从现在开始，老人就该退场了。"

近卫步兵第二联队的官兵们，昂首阔步地走出了皇宫。

田中军司令官表情严肃，目送联队旗出了乾门。直到最后一个士兵的身影从他的视野中消失，军司令官才长长地叹了一口气。在军旗的指引下，两大队的士兵整装待发，庄严肃穆地撤出了皇宫。

那些下级兵们完全被蒙在鼓里。他们只是奉命行事，采取行动，在规定的上午8点换班的时间列队撤离。他们对于在过去的几个小时内，自己成为叛军的一分子，加入行动，参与政变的事情毫不知情。他们不是叛军，至少军司令官是这么认为的。正因如此，士兵们便在换班时间名正言顺地撤离了。

如此一来，在皇宫内重新上岗值勤的就只剩下一大队，昨夜的暴动已经完全被遗忘了。田中军司令官凝视着在风中飘扬的军旗，内心感慨万千。

侍从们也认为，这下终于没事了。三井侍从匆忙奔向地下金库，沉重的铁门牢牢地保护着里面的五个人，三井侍从开始用力地拍打铁门。在此之前，他曾和石川秘书官约定，敲三下表示是自己人。①但是，里面没有任何回应。他又敲了第二次、第三次，都因为铁门太厚，里面的人根本听不见。三井侍从脱下鞋子拿在右手上，用鞋子使劲敲打铁门。门终于开了，露出了石川秘书官那无比憔悴的面容。

"已经没事了。"三井侍从说。

这句话让石川秘书官欢欣鼓舞。他为自己的平安感到高兴，更为终于可以吃上东西而欣喜万分。石川已经饿得饥肠辘辘了，他本想到金库外去找些食物，但石渡宫相劝阻道："就一个晚上，忍忍吧。"此番劝阻现在已经成了永生难忘的回忆。木户、石渡两位大臣走出地下室，见到了德川侍从，大家都为彼此平安无事而备感欣慰。这时，有人在旁边问道："大臣，早饭怎么办？"本来这话也是出于对大臣的关心，结果却被大臣冷冷地呵斥："现在不是谈论早饭的时候！"

接到天皇的召唤，藤田侍从长连忙赶到御文库的书房。时钟指向了8点10分。天皇瘫坐在椅子上，表情阴沉。连日来的辛劳清楚地刻在他的脸上，而今早则显得格外萎靡不振，侍从长悲不自胜，再也没有勇气多看天皇一眼了。天皇放低声音，说：

① 三井侍从并不记得此次会面，这里或许应该是户田侍从，但石川秘书官却记得曾和三井侍从商量过。

"藤田，那帮家伙到底想干什么？我内心也很痛苦啊，怎么那帮家伙就是不理解呢？"

一段沉默之后，藤田侍从长再次注意到天皇身后的林肯和达尔文雕像。清晨的阳光把这两尊雕像照得通体发白。

木户、石渡两位大臣也前来觐见，都为天皇的平安无恙而高兴。此时的御文库，由于刺刀声的消失，又恢复了往日的安宁。

撤回横滨的"国民神风队"的佐佐木大尉决定与横须贺镇守府的小园司令取得联系。他的使命是督促志同道合的小园司令采取行动，一同起义。可就在进入横须贺之前，佐佐木就被海军的巡逻队逮捕了。一打听才知道，他所信赖的小园司令已经去了厚木基地。海军已经定下了大方针，那就是"承诏必谨"。在年轻的少佐参谋面前，愤怒和失望使得佐佐木全身发颤，他大声斥责道："真是太没出息了！海军即将不存在了，难道这也无所谓吗？"

"那也是没有办法的事啊。请离开这里回去吧！"

少佐谦和的回答让大尉平缓了下来。

学生尾崎从起义队伍驻扎的横滨新子安兵营，独自一人回到了弘明寺的学校。学校里空无一人，宿舍里也不见人影，一种令人难以置信的寂静笼罩着四周。在这片寂静中，尾崎那颗炽热的心渐渐冷却了下来。

并不是一切都结束了。8点30分，赶来上班的侍从冈部长章把自行车丢在侍从室前面。得知事件发生后，他首先想到的是录音盘是否安全。打开皇后宫职的事务官室大门，只见三井侍从正和笕庶务课长聚在一起商量着什么。空气中弥漫着一股沉闷的气息，"完了"

和"没事"两种截然相反的预感同时涌上了冈部侍从的心头。两种预感最后汇成一句话，从冈部侍从的嘴里蹦了出来："发生了什么事情吗？"

"在昨晚黎明时分……"

三井侍从一边用低沉、缓慢的语气回答着，一边眯起眼镜后面的眼睛，看着冈部侍从。冈部侍从急切地问道："那，现在放在什么地方？"三井侍从卷起了胳膊上的旧制服，指着腰后说："在这里。"然后莞尔一笑。

两盘录音盘就躺在他所指的那个身后的小保险柜里。桌上摆放着紫色的小绸巾和带有饰盖的方形托盘。两人正在商量如何将录音盘平安无事地送出去。虽说叛军已经离开皇宫，但依然不能掉以轻心。从这间房到本厅的总务课需要拐上好几个弯，还要通过一条长长的走廊。说不准在途中，会有疯狂盯着录音盘的官兵潜伏着呢。

商量之后，三人决定按照冈部侍从的主意办。他们将后录的录音盘定为"副盘"，放入托盘，盖上华丽的紫色绸巾，由筧庶务课长毕恭毕敬地捧着托盘穿过走廊——这是所谓的诱饵行动。接着，冈部侍从从自己拎来的包袱袋里取出了大豆丸子便当后，将"正盘"塞了进去，若无其事地挎在肩上，稍事片刻后，冈部侍从来到了走廊上。冈部侍从和筧庶务课长两人已经约好在总务科的一个房间见面。

与此同时，田中大将一回到东部军司令部，便立刻下令：

"畑中少佐在广播局，立刻实施逮捕，决不能让他播报。"

　　稻留参谋刚给宪兵队司令官传达完命令，就接到了不破参谋的电话。不破参谋慌慌张张地告诉大佐："听说录音盘不见了……"消息似乎很混乱。稻留参谋一直守在电话机前，处理着不断传来的消息。参谋不知道这一切何时才能结束。

　　此时，好不容易逃离自家去铃木孝雄大将家避难的铃木首相一行人刚吃完早餐。热气腾腾的味噌汤的香味，舒缓了大家紧张的情绪。铃木一秘书官瞅准这个机会，开口对首相说："估计正午就会播放天皇的讲话。至此，我们的任务也算是完成了。是时候提出总辞呈了吧？"

　　这是在漫长的混乱和动荡的日子里，父子两人第一次如此亲密地交心商谈。首相立即表示赞同。辞呈由秘书官负责撰写。这种事早晚都会来的吧，铃木一秘书官早已有打算——"先前拜受重任，为打破战局危急之状况，臣等日夜辛劳。然臣等力不胜任，致使最终仍不得不颁布《终战诏书》。身为臣子，不胜惶恐……"笔尖一刻不停地在纸上沙沙地移动着。老首相闭目听完全文后，说："写得很好。"

　　随后，又补充道："从现在开始，老人就该退场了。两次仰仗圣断，非常抱歉。新帝国的栋梁应该是年轻人……"

　　老首相无比憔悴的脸上，浮现出一丝安心的表情。首相凭借着天皇的信任，导演的一出大戏就此谢幕。

　　此时，阿南陆相自杀的消息传到了已经不是终战闹剧主场的陆军省。省内的氛围很快发生了变化。陆相临终前的从容不迫，为军官们消沉和气馁的心灵点亮了一盏微弱的灯。面对战败这一必然的事实，他们尽管仍心有不甘，但省内的秩序却也逐渐恢复了正常。陆相的死让他们重新认识到了军人的责任。陆军省全体人员心里都缠着黑纱，默默地开始服丧了。

上午9点至10点

塚本宪兵中佐："立即逮捕那两人！"

首相所藏身的是位于芝白金的铃木孝雄大将的私宅。9点刚过，万籁俱寂，迫水书记官长急忙赶到了这里。经历了9个小时，他再次看到了首相那张茫然而又熟悉的脸庞。书记官长匆忙对首相的平安表示祝贺后，就开始飞快地汇报工作了。首相平静地对他说："我打算在今天的内阁会议上收齐全体阁员的辞呈，然后集体辞职，所以请你依此……"

听到这句话时，书记官长的心一下子放松下来。他每天忙得焦头烂额，根本没有想到会在今天集体辞职，所以，首相的话在某种意义上，多少让他感到有些意外。但是，在意外之余，却油然而生一种解脱感。没想到长期积累起来的身心疲劳，竟然会如此严重。

和首相商量完当天的详细日程，离开时书记官长的步伐变得格外轻松。接下来只要完成最后的任务就行了。在上任后的四个月里，原本66公斤的体重少了8公斤，但现在他很满意自己的体重变轻了。

在结束长达6小时的监禁后，下村总裁和川本秘书官只喝了一杯淡茶解渴，就急急忙忙地赶往首相官邸了。他们以为内阁会议或许还在继续吧。从昨晚到现在，这个决定日本帝国命运的历史性内阁会议应该都还在继续吧！

从车里望去，官邸和往常一样森严、肃静。然而，曾遭遇过关押的两个人，丝毫不敢疏忽大意。说不定，这里已经落入叛军之手。

下村总裁出于担心，命令川本道："不知左近司君怎么样了，你去看看！"因为下村总裁的办公室就在左近司国务相的隔壁。

川本秘书官跑进官邸。虽然从外面一点都看不出来，但是由于官邸里面遭到灭火水的浸泡，宛如废墟一般阴森。跑进去的川本秘书官踩到了"国民神风队"泼洒的柴油而滑倒，重重地摔在走廊上。全身上下顿时沾满了黏糊糊的柴油，秘书官一边咒骂一边巡视空荡荡的房子。但对于这里到底发生了什么，他茫然不解……

塚本宪兵中佐在这段时间里接到的来自部下的报告让他深深地陷入了悲痛之中。报告说，两名军官分别骑着马和摩托车，沿着皇宫四周，散布印有战斗到底檄文的传单。居然还有人在做着徒然的抗争。中佐的脑海里浮现出了几张可怕的面孔，随即又消失了。

那是四天前发生的事情了。当塚本中佐拜访陆军省的时候，强硬派的军官们——井田、畑中、椎崎把他团团围住，七嘴八舌地说："铃木内阁是巴多格里奥①政权，把天皇从巴多格里奥内阁手中拯救

---

① 巴多格里奥（Pietro Badoglio）：（1871—1956），意大利军人、政治家。1943年

出来，是我们的任务吧。塚本中佐对此有何看法？"

塚本中佐答道："如果要起义，一定要全军步调一致，还必须赶在圣断下达之前。这样的话，宪兵队也会跟着起义。不过，一旦下达了圣断，我们就绝对不应该再采取行动。"

他想起当时那几个人的表情，杀气腾腾中透着一股悲哀。现如今，圣断已下，他们的行动也不再有任何意义。继续坚持起义只是对国家徒劳无益的背叛。真是无药可救了，塚本中佐命令部下："立即逮捕那两人！"

此时，米内海相正驱车前往陆相官邸。

"这个人真是可惜了啊！"

米内海相不经意间对同车的麻生秘书官说了这句话后，长叹了一口气。之后便陷入了沉默。麻生心生疑惑，感慨道：海相刚才确实说的不是"军人"，而是"人"。

陆相夫人绫子和高级副官美山要藏接待了二人，并把他们带到了安放着陆相遗体的内室。遗体被放在房间稍微靠里的地方，上面盖着被子。由于被被子遮盖，看不到血迹，从陆相的脸上也看不出任何痛苦的表情。海相大步走到枕边，端详着陆相的脸，行了个注目礼，然后默默地坐了下来，一言不发，一直凝视着陆相安详的脸庞。这一看就看了很久。

随后，海相叫上站在门口的秘书官，两人一起走出官邸。那时，

7月，推翻墨索里尼政府后，他担任新政府首相（1943—1944）。任内宣布解散法西斯党，与盟军签订停战协定并对德宣战。——译者注

海相仍旧一言未发。即使上了车，他那紧闭的嘴唇还是没有张开。跟在海相身后的麻生秘书官，回忆起在那间已收拾完毕、几乎感觉不到血腥味的房间里，隐约瞥见的血的颜色。遗体旁边，散落着一张墨迹斑斑的纸，在这张陆相写辞世诗之前用来平整笔迹的纸上，洇着溅落的血迹。这些血迹没有逃过麻生秘书官的眼睛。正因为是隐约瞥见，反而记忆深刻，那些血迹颜色鲜红。

隔了好一会儿，海军大臣终于断断续续地说：

"这个人啊，真是太可惜了！"

陆军省的院子又开始冒烟，他们又开始销毁机密文件了。工作人员默默地搬运着文件。那堆积如山的文件，怎么烧都烧不完。在越发灿烂的夏日阳光的照射下，焚烧文件的火焰虽略显黯淡却火势旺盛。

上午10点至11点

加藤局长："我现在要去广播局。"

11点将在宫中召开枢密院全体会议。为了做好准备进行事前协商，迫水书记官长来到了宫内省。结果在大门口碰到了加藤总务局长。只见他穿着随从服，扎着裹腿，肩上挎着杂物袋，正准备出门。局长死死地捂着帆布袋，神色紧张，走近书记官长说："我现在要去广播局。"随即便跳上了警视厅的车子。十几分钟后，那张被装在冈部侍从杂物袋里的"正盘"录音盘，被安全地送到了广播会馆的会长室。

笕庶务课长手捧的那张"副盘"则由宫内省的车子运送到广播会馆大门靠近日比谷附近的地方，交给了早已等候多时的荒川技术局长。荒川局长又将其交给足立现业部部长，保存在日比谷第一生命会馆地下的备用播音室。这是为防"正盘"遭遇不测，也要确保能够播出而做的万全之策。

247

在广播会馆里，玉音播放的准备工作继续进行着。直到前一天还只有10千瓦的广播电力，现在已经增加到了60千瓦，对白天停电的地方也下达了送电的指示。从8月1日开始，由于真空管供应不足，全国七成的临时广播站停止了广播。但就在这一天，全部都要恢复正常，等待开播。总之，必须要让每个日本人都能直接听到此次广播。为了这一天的那一刻，所有的办法都用上了。那些肩负此次广播重任的人们更是心潮澎湃，无比焦急地等待着那一刻的到来。

在当天的广播节目预定表上，有几档节目上画着数条表示取消的斜线。上午7点30分，京都的盂兰盆节的直播，在宣布战争终结之前被取消。从早上零点15分开始的"民谣夏日之旅·第二天"，因在宣布战争终结之后也被取消了……和天皇广播无关的节目全都被取消了，在播报新闻的时间里一遍又一遍地重复着。正午开始，天皇讲话的消息将播出。

在宫里，迫水书记官长来到枢密顾问官休息室，看到了在屋子中间的平沼议长。议长仿佛老了许多。"阁下，您看上去苍老了一点啊，您身体还好吧！"书记官长问道。听完后，议长爽朗地笑答："我习惯把假牙摘下来放在枕边睡觉。但今早遭遇突袭，慌忙逃难之中，把假牙丢在了床上就跑了出来。我这张脸变了形，是因为家被烧了，假牙也没了哦。"

大家都是经历了一番劫难，才聚集在此的。

天皇也未能休息，他在表御座所不停地处理着一个接一个送来的终战相关文件。木户内大臣和内阁、宫内厅相关人员，也一个接一个地前来觐见。国民知道战争结束后，会表现出怎样的动摇呢？天皇每看到一张新面孔，便重复着同样的问题。天皇冒着生命危险寻求并实现了和平，但他担心国民将如何接受这个事实。

上午10点30分，大本营开始发布战况。这是自开战以来，大本营第846次，同时也是最后一次发布战况了。

"8月13日下午，我航空部队在位于鹿岛滩以东25海里处，向以4艘航母为主力的敌机动部队发起进攻，击毁一艘航母……"

听到这则消息，许多人都感到奇怪。因为从早上开始，广播一直在反复庄重地预告："诚惶诚恐蒙陛下颁布诏书……诚惶诚恐蒙天皇陛下于今日正午亲自进行播报。"许多人甚至认为：或许终战只是个谣言，天皇会呼吁战斗到底呢。

同样，在10点30分，德川侍从去了御文库。他是为准备30分钟后，在御文库会议室召开枢密院会议而去的。会议室隔壁有一间狭小的准备室，那里放有一台旧的RCA①便携式收音机。为了让天皇能监听到"玉音放送"，侍从们专门设置了特殊席位，重新调试了收音机的灵敏度，把天线拉到头。在收音机旁，安放了御座。尽管御文库会议室是间地下室，但这样一来，也能保证清楚地收听。天皇会在这里听到自己的声音。侍从们想象着天皇将听到那个在12小时前录制完毕的、首次宣告日本战败的声音。

万事俱备，只欠东风。时间正一分一秒地过去，德川侍从也在等待着那一刻的到来。过去的每一秒都让人感觉不像是一秒。他不停地看手表，生怕手表停了似的，每次都要把耳朵贴在表上，确认手表发

———————————

① 美国无线电公司（Radio Corporation of America，简称RCA公司）。——译者注

出的滴答声。

整个日本都开始了等待。在儿玉、厚木两个基地，机组人员以及维修人员全都聚在一起，等候着正午的广播。跑道上的混凝土反射着阳光，四周"炙手可热"。儿玉基地的野中少将目睹了熊谷市被大火包围的情景，对自身未能尽职尽责咬牙切齿。因此，他一直以为在今天的讲话中天皇或许会说一些要加倍努力奋斗的话。

小园司令的判断是错误的。他听了诏书后，心里一直在思考，自己将要做的事情是否违背圣意。小园司令把集合部下的任务交给副司令，一个人盘腿坐在司令寝室的床上，等待着那一刻的到来。他告诉自己：打算战斗到底，绝非一时冲动。地下防空指挥所闷热难耐，小园司令两眼瞪着前方，不停地擦拭着脸。

东部军司令部参谋室的稻留参谋仍趴在电话前。警视厅打来电话询问："首相官邸有多少兵力？"参谋铿锵有力地答道："算上军官共有30人。"内阁的山下参事官发来报告说："请放心，录音盘找到了。"广播协会来电催促："我们请求的警备兵力还没就位……"好像是先遣部队弄错了目的地。稻留参谋立刻采取了善后措施。"神野参谋，请立即进行部署。"在这个本该安静等待的时刻，稻留参谋或许是最忙碌的人吧。

不，还有一个军人也在忙碌着。近卫师团长副官川崎嘉信中尉必须在天亮前找到安放森师团长和白石参谋遗体的棺材。在这处于战争末期的日本，尤其是已经化为焦土的东京，想要找到一口棺材绝非易事。好不容易找到后，川崎副官把遗体搬放到棺材里，并在司令部的一间房里布置了一个简单的祭坛。川崎副官将军服和军帽摆在了棺木上。

铃木首相正在缓慢地换上双排扣长礼服。这件礼服还是铃木一秘书官在逃离私宅时，机智地从一片混乱中带出来的。"二·二六事件"时，铃木一秘书官曾侍奉过冈田启介首相，此番经历让他能够急中生智。首相穿上秘书官拼死带出来的礼服，即将进宫觐见天皇，然后召开枢密院会议和内阁会议，此后，身为"亡国首相"的一天就结束了。不，是必须要让它结束了。下定决心的首相迈着坚实的步伐，坐上了汽车。

10点55分，太平洋地区全体美国陆海军部队，收到了一份来自美国参谋长联席会议的电报。

"立即停止对日本军队的一切进攻。但是，要持续进行巡逻和侦察，在防卫和保安方面，采取一切措施，防止意外灾害。"

太平洋地区的战斗全部结束了。然而，在满洲①辽阔的平原上，占据优势的苏军仍在发动着更为猛烈的攻击。关东军脆弱的防线不断被攻破，情形非常惨烈。

---

① 中国东北。——译者注

上午11点至正午

和田播音员：“现在播出重要广播。”

　　正午时分，17个男人走进了地下防空洞。从御文库大门到望岳台下面有一条铺着苇席的斜台阶。17个男人沿着这个台阶排成一列往下走。就在24小时以前，23个男人也通过了这条狭窄、堆着木料的地下通道。从那时到现在，刚好过去了一整天。由23个男人开启的终战大幕，现在，落幕工作将由这17位老人来进行。杀戮结束了。慷慨激昂、破口大骂、刀光剑影、长吁短叹……这一切全都结束了。

　　平沼骐一郎议长、清水副议长、芳泽、三土、池田、奈良、小幡、深井、百武、林、本庄、泉二、樱内、潮等各位枢密顾问官以及政府方面的铃木首相、东乡外相、村濑法制局长官3人，共17位元老，端坐在原来的大本营会议室，等候着天皇驾临。在十几个小时前的内阁会议上，阿南陆相仿佛是在做最后的短暂抵抗般提出了："要经过枢密院的讨论之后，才能公布《终战诏书》吧！？"为此，这次枢密院正式会议才召开了。

或许这只是走个形式。但是，正是由于无数次地重复这些形式，似乎进一步加深了对日本失败的认识。外面是一望无际的废墟，人们在这上面搭起了窝棚，每天过着食不果腹的生活。顶多一个月，不光是人就连牛马都没有东西可吃了。物资极其匮乏的战败，无论是形式上还是本质上，这都是一场彻头彻尾的失败。

11点20分，在小出侍从的引导下，天皇进入了会场。11点30分，会议在冰冷的气氛中开始了，与室外的热气形成鲜明对比。平沼议长站起身来，恭恭敬敬地行了一个礼，接着便代天皇宣读起了报告。

"朕已饬令政府通告美、英、中、苏四国，愿接受《波茨坦公告》。因情况急迫，事前须向枢密院咨询的事项，仅枢密院议长参与了议论，希望各位谅解！"

平沼议长读完后，慢慢地卷好报告，高举后收下。各顾问官也连忙跟着行礼，待再次坐下时，挪椅声响成一片，但很快又恢复了平静。此时，会场内鸦雀无声，仿佛一块扔进池塘的石头被淹没在水中，涟漪扩散开来后消失，最后池塘又重归寂静。

"铃木内阁总理大臣，"议长点名道。身着礼服的铃木首相，深吸一口气，挺直身子站了起来。至此，他的职责应该结束了……铃木庄严地开口说："关于如何处理结束战争一事……"与他的语气完全相反，对此，首相的内心一片茫然。他心里想说的是，所谓"处理"绝非人力可为，而是靠时间的流逝来完成的。

椎崎中佐和畑中少佐二人早已想好了要自我了断。井田中佐所说的"仲夏夜之梦"伴着黎明的到来结束了，日本的黎明并不需要他们。通过骑着摩托车和马匹散发传单，来让国民知道自己的真实想法，这种近似于垂死挣扎的希望，随着最后一张传单被风吹走，眼睁睁地消失在了苍穹之中，未能留下任何痕迹。如今，是时候决定最后的态度了，必须抛弃把国家重新引向战争的顽固想法。他们原本打算把祖国和美好的君臣一体的日本精神从屈辱中拯救出来，才会去固守皇宫，然后带领全军战斗到最后一兵一卒的。然而，新生的日本却不需要这一切。

"为维护国体，于15日拂晓起义的吾等官兵，告知全军官兵及全体国民，吾等针对敌人的策略，欲拥戴天皇陛下，捍卫国体。所谓成败利钝并非吾等所关心之事，吾等唯想存活于绝对忠诚的大义之中。但愿皇军全体官兵及诸位国民，能将吾等起兵的本义铭记于心，是为铲除君侧的奸佞小人，摧毁敌人的阴谋，守卫国体，直至奋战到最后一人。"

这或许也是他们为自己所写的墓志铭吧。

就在天皇现身于枢密院会场的同时，两名军官在皇宫前二重桥和坂下门之间的草坪上结束了自己的生命。①畑中少佐在切腹后，用击中森师团长的同一把手枪，对准眉心开了一枪。椎崎中佐则把军刀刺入腹部后，对准头部开枪，倒地而亡。这意味着战争和他们最漫长的一天的结束。

距此不久前，在近卫师团司令部的师团长室，另外一人也死了。

———————

① 一些记录显示：畑中、椎崎二人先暂被宪兵队逮捕，后由于他们试图自杀而又被释放。但是，当时在宪兵队的人称事实并非如此。另外，井田正孝在手记中写道："听闻陆相的死讯之后，畑中等人也从容地结束了自己的生命。"

古贺参谋在安放森师团长遗体的棺材前，完成了切腹自决。那天早上，田中军司令官在宫内省的一间屋子里告诫古贺参谋："花朵在即将凋零之时，都会毫无眷念地散落。日本陆军最后的身影也该如此。"川崎副官在早晨就已经注意到古贺参谋的意图，便暗中一直观察着参谋的一举一动，但参谋跪坐在棺材前，低垂着脑袋，一小时，两小时过去了，仍然纹丝不动。副官们都忙得不可开交，对参谋疏忽了几秒钟。参谋抓住了这个短暂的间隙。当大家听见声响，冲进来时，年轻的参谋已经停止了呼吸。为了告慰师团长的在天之灵而点的几炷细香所冒出的青烟，正安静地笼罩着古贺的遗体。

11点半，年轻军官们都选择了自刃的方式。而此时，佐佐木大尉回到了位于鹤见的本部。危机已经远去，30分钟后，即将公布诏书。东部军和宪兵队戒备森严地守卫着广播局，录音盘从会长室由报道部长高桥武治送了过来，包在上面的棉木袋和报纸已被拿掉，安放在一个盖有紫色绸巾的桐木盒子里。

录音盘被送到了第八播音室。在这间宽敞的房间里，作为此次播报的见证人，宫内省的加藤总务局长、筧庶务课长、情报局的下村总裁、川本秘书官、加藤第一部长、山岸广播课长、广播协会的大桥会长等人都在等候。就在不久前，他们当中的大部分人，在狭小的房间里，在刺枪和军刀下度过了一个恐怖的不眠之夜，虽然已经把那晚被汗水浸透的内衣换掉了，但现在又被新的汗水浸透了。

东部军参谋副长小沼治夫少将被派去广播局负责安保工作。作为此次播报的见证人，他暂时离开了第八播音室。一眨眼的工夫便出事了。一名站在播音室外走廊上的军官就像着了魔似的，死死地盯着天花板的一个角落。东部军参谋兼通信主任铃木重丰中佐最先观察到他的这一奇怪举动。在强烈的不安感的驱使下，铃木参谋走上前去对他说："陛下的讲话马上就要开播了，加强警备！"语音刚落，军官突然紧紧地握住军刀柄，发疯似地叫喊了起来：

"怎能让他们播出宣布终战的广播呢？我要把这些家伙统统杀光。"

说着，就要闯入播音室。铃木参谋一把扑了上去，将他的双手反剪在身后，控制住了拼命挣扎的军官后，大声呼叫宪兵。即便如此，军官仍然不肯罢休。

"住手！要是再乱来，砍了他也无妨！"

军官大喊大叫地被押了下去。发生在临近天皇广播前的这起事件转瞬间就结束了。那名军官带来了20多名部下，要是他们真的硬闯播音室的话……一想到这些，铃木参谋就不寒而栗。①

由于播音室与外界隔绝，听不到里面任何声响，对刚才发生的一切，里面的人自然毫不知情。播音员和田信贤脸色苍白，表情严肃地朝前端坐着。报道部职员木村与小岛勇、春名静人两名技术人员正隔

① 近卫步兵一联队第一大队第一中队长小田敏生中尉接到的命令是：占领广播局，阻止广播。小田中队长忠实地执行了此项命令。然而在上午11点半左右，东部军参谋带着小股部队怒气冲冲地赶到，冲着小田命令道："刚才的命令是假的。从现在起，一切服从东部军的命令。全力确保'玉音放送'能正常进行。"根据评论家高杉晋吾的调查，小田立即把此事传达给第八播音室的富冈茂太少尉。在即将开始广播之前，他们发生了一百八十度的大转变，任务从阻止广播变为确保广播。在千钧一发之际，命令的变更避免了混乱的发生。而在播音室入口试图闹事的将校到底是谁，依然是个谜。

着玻璃在对面的副调控室里，个个都紧张得嗓子干哑，等待着那一时刻的到来。

在离正午还有15分钟的时候，负责播放录音的春名技术员发现自己没有做两张录音盘的播放衔接测试。当第一盘录音播放至尾声时，指针也会在第二盘录音的开头转动，以使两张录音盘的声音调至完全一致。这样，两张录音盘在播放时就能顺利地完成衔接。对于播放录音来说，这个测试不可或缺。

不过，测试玉音怕是不会被允许的吧？该不会犯下大不敬之罪吧？小岛与春名当然也意识到了这些。然而不做测试，他们又放心不下。和田播音员前的小型扩音器里突然传出的天皇声音，令大桥会长和下村总裁大惊失色。即使得知这只是一次测试，他们也依然隔着玻璃，对里面的技术员怒目而视了好一会儿。不管怎样，测试算是顺利完成了。

大日本帝国的末日即将来临。几乎所有的日本人都聚集在收音机前，等待着那一刻的到来。火红的太阳高高地挂在空中，人们都停止了工作，全日本到处都是三五成群凑在一起的人们，默默地列队伫立着。四周突然安静下来，陷入了一片沉寂。对于所有日本人来说，这是他们经历的战争的最后一天。

11点55分，收音机里播放了东部防卫司令部、横须贺镇守府司令部的战况报告：一、敌舰载机分三波，主要对飞机场和部分交通设施进行了两小时的攻击；二、11点已查明的战果，击落敌机9架，击败2架。

皇宫内，正在防空洞里进行的枢密院会议暂时停止，首相和顾问官在狭窄的走廊上排成了一列。天皇坐在会议室旁的休息室里，面前摆着一台小型收音机，他将收听到自己亲口录制的重要广播。

收音机里播出了最后一条消息："当前，千叶、茨城上空未发现敌机。"

时间已经过了11点59分。接着，正午报时的咚咚声开始响起了。

随着报时声的结束，收音机里首先传出的和田播音员紧张的声音，打破了日本上下的沉默。

"现在播出重要广播。全国各地的听众，请起立。"

日本人纷纷站了起来，但也有人没站起来。《朝日新闻》的柴田记者正酣睡在由两张椅子拼成的简易床上。他本打算正午起床的，可是，极度的疲惫没能把他叫醒。

第八播音室里，下村总裁静静地走上前去，冲着话筒行了个大礼。没人觉得可笑。还有人跟着也行了个大礼。

"诚惶诚恐蒙天皇陛下要对全体国民宣布诏书。接下来，开始播放玉音。"

收音机里响起了《君之代》。那须兵务局长、荒尾军事课长等人在陆军省，田中军司令官、高岛参谋长在东部军司令部。他们各自站立在自己的座位旁，安静地听着，正在列席一场盛大的葬礼。

由于阿南陆相的自刃和森师团长的殉职，全体陆军官兵如丧考妣，已将战斗到底的梦想抛弃在脑后。残留在官兵心中的那一丝难以割舍的东西被一刀斩断。死亡带给人们无声的教诲，陆相感受到的"大罪"属于整个陆军。椎崎、畑中、古贺等青年军官之死给官兵们带来了反省的机会。其实，那只不过是他们孤高心志引发的一次暴行。为了捍卫国体而主张本土决战的全体陆军军人，同样也是为了捍卫国体，现在重新提倡：好好生存下去，重建国家，并由此开始了一系列运动。

在市谷台上，焚烧机密文件的浓烟高高升起。这等于是在埋葬他们的过去。一切都将灰飞烟灭，但是新的日本国绝不能死去。

《君之代》刚放完，便传来了天皇的声音。

"朕深鉴于世界之大势与帝国之现状，欲以非常之措施，收拾时局，兹告尔忠良之臣民……"①

在宫内防空洞里的枢密顾问官们并排站在走廊上倾听着广播。

---

① 诏书全文如下："朕深鉴于世界之大势与帝国之现状，欲以非常之措施，收拾时局，兹告尔忠良之臣民。朕着帝国政府通告美、英、中、苏四国，接受其联合公告。盖谋求帝国臣民之安宁，同享万邦共荣之乐，斯乃皇祖皇宗之遗范，亦为朕所眷眷不忘者。帝国所以对美、英两国宣战，实亦出于庶几帝国之自存与东亚之安定。至若排斥他国之主权，侵犯他国之领土，固非朕之本志。然交战已阅四载，纵有陆、海将士勇敢善战，百官有司励精图治，一亿众庶克己奉公，各尽最善，战局未必有好转，世界大势亦不利于我。加之，敌新使用残虐炸弹，频杀无辜，惨害所及，实难逆料。若仍继续交战，不仅导致我民族之灭亡，亦将破坏人类之文明。如此，则朕何以保亿兆之赤子，谢皇祖皇宗之神灵乎！此朕之所以卒至饬帝国政府联合公告也。朕对于始终与帝国共为东亚解放合作之各盟邦，不得不表示遗憾之意。念及帝国臣民死于战阵，殉于职守，毙于非命者及其遗族，五内为裂，而负战伤、蒙战祸、失家业者之生计，亦朕所轸念也。唯今后帝国将受之苦难，固非寻常，朕亦深知尔等臣民之衷情。然时运之所趋，朕欲忍所难忍，耐所难耐，以之为万世开拓太平。朕于兹得以护持国体，信倚尔等忠良臣民之赤诚，常与尔等臣民共在。若夫为情所激，妄滋事端，或同胞互相排挤，扰乱时局，因而误失前途，失信于世界，朕最戒之。宜举国一家，子孙相传，确信神州之不灭，念任重而道远，倾全力于未来之建设，笃守道义，坚定志操，势必发扬国体之精华，勿后于世界之潮流。以此相期许，望尔等臣民善体朕意。"

17个男人屏住呼吸，一动也不动地站着。只听见抽泣声和未能忍住的哭泣声，随着诏书公之于世，战争已经结束的真实感受越来越强烈地向他们袭来。不久，高个子的平沼枢密院议长竟弯下腰，放声痛哭了起来。

天皇则一直坐在会议室一旁的休息室的椅子上，听着收音机里自己的声音。他低垂着头、身体僵硬，面无表情，让站在一旁的侍从们吃惊不已。

尾　声

《朝日新闻》中村正吾记者在其著作《永田町一番地》中写道："陛下的每一句话都不禁让人眼眶湿润。这不是为战争结束而高兴的眼泪，也不是为战败的事实而悲伤的眼泪，是感慨日本竟然遭遇了如此巨变所流下的眼泪。"

从那天到今天发生的事情，对许多日本人来说，都是无须写到书中的日常之事。而我只想明确地写下，当历史上最漫长的一天结束时，大日本帝国已经成了"历史"。在这里，我将挑选出几位在这段历史的最后一页扮演过重要角色的人物，聊一聊之后关于他们的轶事。

阿南陆相的雪茄

15日早晨，铃木首相得知陆相自杀后，极度悲伤。同时，他也感谢陆相的诚意，没有使用辞职这张底牌，陪伴他走到了最后。在下午召开的最后一次内阁会议上，首相望着空空的陆相席位，首先表达了自己真诚的哀悼。

"阿南陆相忠实地执行了政府的决策。要是陆军大臣提出辞职的话，我们内阁立刻就会瓦解。正是因为阿南大将没有辞职，我们结束战争的主要目标才得以实现。所以我向陆相表达最诚挚的谢意。阿南是一位罕有的军人，我为他的死感到无比遗憾。"

首相对陆相的死很是难过。虽然收下了雪茄，但是作为遗物，是根本不可能抽的。后来在陆相忌辰当天，首相把香烟作为供品，全部烧掉了。

被殴打的士兵和名片

那天夜晚，侍从和士兵，在黑暗中相持不下。那是一个命如草芥的年代，所以侍从们也不是那么害怕被杀。于是，在德川侍从和士兵争吵了一番之后，便发生了德川侍从遭到殴打的骚动。

战争结束十五六年后，一个籍贯佐野市，名叫若林彦一郎的人拜访了德川侍从。他带着礼物，说是为那时自己的鲁莽行为来道歉的。此举动反倒让德川侍从过意不去。两人之间并没什么特别的话要说。若林带来了一口将传家宝镜打碎后制成的烧茶水的小锅。但德川收下后，既没有用来摆设，也没有用来烧水，一直原样放着。

三井侍从在去往吹上的路上遇见了田中军司令官，因为实在是太高兴了，就把当时得到的名片作为传家宝保存了起来。三井时不时拿出来看一番，动乱当晚的场景仿佛历历在目。

米内海相和诏书

诏书碰巧用了815个文字，就像是和8月15日有关联似的。战争结束后，前海军大臣米内日复一日地端坐在桌前誊写这815个字，直至去世。他把写好的东西馈赠给部下或熟人。据说，好多人将其视为传家宝。

佐佐木大尉和学生们

15日傍晚，他们全都出现在位于九段的宪兵队本部。但是，由于战败，宪兵队本部的情况就像火灾现场一样混乱。一位年轻的宪兵中尉出来驱赶他们，并安慰地说："诸位的想法，我深有同感，没有什么好责备你们的，回去吧！"

全体学生和士兵，在宪兵队本部前高呼"天皇陛下万岁"后，便解散了。就在这之前，收到了来自警视厅的通知："希望请平民过来一下，听听他们的想法。"

学生们嚷着"让我来给你们讲一个超级有趣的"，就勇敢地去了。然后他们直接就被逮捕了。经过审判，五个学生被判五年有期徒刑。他们在战败后的千叶监狱被关押了一年半后便获释出狱了。但是，佐佐木大尉的身影却就此消失了。据说，大尉为了躲避诉讼时效，在地下潜伏了长达14年之久。

诉讼时效过后，佐佐木前大尉重返社会。此时，铃木首相、米内海相、东乡外相、平沼议长等人均已不在人世。佐佐木找到曾是首相秘书的铃木一，就袭击事件向其道歉，铃木一安慰他说："当时如果不那么做，肯定会觉得自己是个懦夫吧。算了，都过去了。"

田中军司令官的自刃

皇宫、大宫御所、明治神宫等这些田中军司令官必拼死守卫的地方，却接二连三毁于空袭后的大火。每当发生这种事情，军司令官都会向天皇提出请辞，可天皇总是竭力挽留。在他看来，身为一名大将，为了天皇，无论死多少次可能都不够。

8月15日之后的每一天，大将都在考虑自决。作为军司令官，他可能早就决定了在任务结束的那一天自决了。谁料到混乱和骚动层出不穷，自决的机会迟迟未到。但是，24日下午，预科士官学校学生占领了埼玉县川口的广播局，田中军司令官处理完这最后一个事件后，于当晚11点10分左右，从容地了结了自己的生命。他用手枪射中了心脏。塚本副官匆匆赶到，朝大将喊："您一定要挺住啊！"而田中军司令官只说了两遍："一切都拜托了。"

桌上排放着给杉山元帅、各军司令官和直辖部队长、高岛参谋长、塚本副官以及家人的五封遗书。他大概是不想让部下们自决，想自己一人承担起责任，遗书中写有"代替全体将士"的字样。

两个基地

在天皇广播之后，所有的前线基地，例如儿玉基地，都陷入了一片混乱。血气方刚的机组人员拒绝接受战争已经结束的事实。他们装载好鱼雷，打算一个接一个地起飞并发起战斗。野中少将等人拼命劝阻，真是按下葫芦浮起瓢。混乱持续了两三天才平息下来。

厚木基地的叛乱，一直持续到麦克阿瑟将军进驻的前一天。但是，值得庆幸的是，小园司令从16日晚上开始高烧不退，精神处于错乱的状态。因此，队员们也开始出现动摇，无法执行制订好的作战计划。但是，即便没有首领，反抗还在继续。8月26日，他们还是把飞机开上跑道飞上了天。计划随之烟消云散。小园司令此时正躺在横须贺海军医院精神病房楼的监禁室里。

青年军官们

尽管阿南陆相极力阻止，井田中佐还是打算追随陆相赴死。作为政变阴谋的策划者，他想跟随畑中、椎崎等志同道合的人。15日晚上，井田中佐回到阔别已久的家中，明确地告诉妻子："明天早上来替我收尸。"说完，就返回了陆军省。

井田中佐会自决一事，荒尾军事课长是知道的。课长如此崇敬阿南陆相，绝不会允许部下做出违背陆相遗愿的举动。所以，他派人去监视了井田中佐。

正当井田中佐准备自杀的时候，负责监视的酒井少佐冲了进去，说："要死的话，请先把我杀了。"中佐求生不能，求死不得，无奈地流下了绝望的眼泪。负责监视的少佐也泪流满面。两人面面相觑，彻夜未眠。

16日早晨，妻子和岳父打算为他收尸，一起来到了陆军省。当看见井田中佐活着出现在面前时，妻子放声大哭了起来。

8月17日，水户陆军航空师团据守上野山头，高高地举起了叛乱的旗帜。当时，有一名军官和东部军神野参谋一同赶到，劝说航空师团投降，却反被叛军林少尉开枪射杀。这名军官就是在司令部被田中军司令官逮捕的近卫师团石原参谋，他也是在不停寻死的军人之一。

竹下中佐于15日下午，来到皇宫前认领了在皇宫前死去的两名军官的遗体。据说，畑中少佐的遗容非常安详，这还是竹下在十几个小时后第一次见到他。军服的口袋里装着遗书。椎崎中佐的遗书上只写有四个大字：

死生通神

畑中少佐的则是一首绝命诗：

此生已无憾，乌云尽消散，迎来新时代。

阿南陆相的遗体也从官邸运送了过来。从黄昏到深夜，在陆军省军官集会所举行了安静的守灵仪式。陆相夫人绫子站在市谷台上，俯瞰着一片漆黑的被烧成荒野的东京。满目疮痍的景象，令她深深地感受到了战败所带来的悲伤。

不久，三道浓烟从那座山丘上升入夜空。被安放在炮架并浇上了汽油的陆相的棺材，似乎象征着帝国陆军的最后时刻，迸发出转瞬即逝的火花。

航空士官学校

为了坚持战斗到底，上原重太郎大尉的斗争一直持续到了8月19日。在他的煽动下，航空士官学校各中队的许多区队长也开始对他的说法表示赞同了。15日，天皇广播开始的时候，校内已完全处于一触即发的紧张状态中。

事实上，的确也爆发了冲突。当全体人员集中到礼堂，收听正午天皇广播的时候，上原大尉不在场。第三中队的区队长本乡英雄大尉、山村繁次大尉两人，突然拔刀冲上讲台，一边砍向收音机，一边叫嚷着：

"这次广播一定是陛下身边的奸人所为。为了捍卫国体，我们必须全体起义，向皇宫进军。"

学生们纷纷响应，一致表示："就这么办！"于是，整个礼堂陷入了混乱，连校长德川好敏中将及整个教官团体都被持刀的区队长和学生追赶，并被软禁在一间房里。接着，在上原大尉和本乡大尉的指挥下，第三中队的两百名学生打开了兵器库。他们一个个全副武装，分别坐上两辆卡车，准备向皇宫进发。幸亏丰岗宪兵分队的分队长柄泽勇太郎中尉发挥其聪明才智，才拦下了这批打算赴京的队伍。就这样，学生们在全副武装状态下，度过了几个小时，最终，随着时间的推移，这场叛乱也结束了。

尽管上原大尉在这之后，仍未放弃继续战斗的念头，四处寻求志同道合之人，奈何志向不同，加之因为背负杀害森师团长的罪名，宪兵队也令其立即归队。或许是上原大尉认为与其活着受辱不如一死吧，他于19日凌晨两点，在士官学校内的航空神社前，切腹结束了自己年轻的生命，年仅24岁。上原的同学荒武祯年大尉做了他的介错人。

前少佐窪田的战后

离开陆相官邸以后，窪田少佐就此行踪不明，据说他曾一度下定决心要自杀，坐在了宫城前的草坪上，但最终也没有那么做。或许他和椎崎中佐以及畑中少佐有约在先，要在这里度过人生的最后一刻。可是，当窪田少佐看到厚木航空队散发的呼吁战斗到底的传单后，却改变了主意。

千叶大学教授秦郁彦先生曾亲自采访过前少佐窪田，以下是他本人关于之后发生的事情的回忆："如果阿南支持的话，全军必将呼应。非常遗憾……看完传单，我决定把畑中未做完的事情做完，于是便藏在近卫第二联队的单身宿舍中，召集志同道合之人。大家认为捍卫国体的捷径就是把麦克阿瑟生擒回来当人质。于是制订了一个计划，但是中途不断有人放弃，最后竟只剩下我一个。就连稻叶中佐都吃惊地对我说：'你太固执了。'

"就在这时，我的学弟，预科士官学校区队长的本田中尉赶来了，我们打算去冒险碰碰运气，占领川口广播所，向全国人民申诉……"

至于占领川口广播所的暴乱，如上所述，在田中军司令官率领的宪兵面前，被轻而易举地镇压下去。洼田被宪兵逮捕后不久就释放了，因为陆军中央决定战败时的各种行为都不构成犯罪。

在战争结束30多年后，洼田少佐参与杀害森师团长的事实才浮出水面。

最后一页

窗外，焚烧尸体的火焰在夜空中熊熊燃烧，照亮了竹下中佐的脸庞。他在这本自7日以来一直记录着各项事件的大本营机密战争日记的最后一页上这样写道：

昭和二十年（1945） 八月十五日 星期三

一、向次官阁下报告。

二、十一点二十分，椎崎、畑中在皇宫前（二重桥和坂下门之间的草坪）自决，下午去认领尸体。

三、火化陆军大臣、椎崎和畑中，为三人守灵。

以上即为我所深爱的祖国的投降经过，就此搁笔。

后　记

　　整整30年前的这个时候，我每天早上4点起床，开始埋头于撰写书稿。时任月刊《文艺春秋》的副总编一职，公事繁忙，哪怕一天假都请不了。那边却说已定于7月下旬出版了，结果只能拼命写了。每天早上坐在办公桌前，我都能感觉到时间转瞬即逝，黎明来得一天比一天早，也把自己的这种感受写进了书里："屋外仿佛悄悄地迎来了清晨。天空的夜色正缓慢地发生着变化，由暗黑变成深灰，再由深灰变成深蓝。"就这样，1965年夏天，我写完了这本书。

　　当时由于种种原因，此书最初是以记者界的翘楚——大宅壮一为编者之名出版发行的。也是多亏如此，翌年，该书被东宝公司拍成电影，借此机会，本书获得了广大读者的厚爱。这次，时逢本书将以最终版再次发行之际，承蒙已故大宅先生的夫人大宅昌女士的允许，同时作为我离开公司独立创作的纪念，此书的著作权得以归还于我。我感觉就像是对一个久别的亲生子，自报家门地说"我是你的父亲"一样，心中无比辛酸。

　　当然，在这里我不该如此感伤。无可否认，第一次出版是在30年前，所以出现了一些错误。虽然有些是由于疏忽造成的，但也有一些是因为当时的情况，比如不得不隐瞒近卫师团杀人事件的实施者等。作为本书著作权的所有人，我很清楚，我有责任纠正这些错误，并在最终版中加入新的事实。

　　本书的不同之处在于直接向当事人取证和注重实地调查。30年前，这还是有可能的。即使书中所述也和当时出版的若干文献相符，即使是那些已成定论的东西，我也依然会直接通过相关人士的证言再次进行确认，绝不留下任何疑点。这一次，还加入了我所知道的全部的新事实，至于是否完善就无从知晓了。我深知正确地书写历史的困难，更何况是书写一部证词不一的当事人所生存的当代史。

　　30年前，我曾无赖般地乞求当事人讲述他们的回忆，给他们增添了巨大的麻烦。我想原封不动地附上当时采访的各位的职位，以供参考。如今，他们中的大部分人已和我们阴阳两隔。在此谨为故人乞求冥福。

　　赤羽宏治郎（歌舞伎友之会）、麻生孝雄（佐世保重工株式会社顾问）、安倍源基、荒川大太郎（协和电设株式会社社长）、池田纯久（东和株式会社顾问）、石川忠（宫内厅京都事务所长）、石渡庄太郎、板垣彻（厚生省援护局副局长）、稻留盛彦（田安商店董事）、稻叶正夫（防卫厅战史室）、入江相政（侍从）、岩田正孝（原姓井田，电通总务部长）、宇田道夫（经营旅行公司）、大桥八郎（前日本电信电话公司总裁）、大山量士（本名佐佐木武雄、亚细亚友之会理事长）、冈部长章（鹤见女子大学讲师）、尾崎喜男（神中压铸工业董事）、笕素彦（全国市町村职员共济组合联合会事务局长）、加藤进、加藤祐三郎、川本信正（运动评论家）、木村龙藏（NHK中央研究所教授）、小沼治夫（电通印刷所社长）、近藤泰吉（东海广播株式会社）、佐野小门太（第一法规株式会社顾问）、柴田敏夫（《朝日新闻》论说委员）、铃木重丰（高屋电气株式会社董事）、铃木一（日本马术联盟会长）、周藤二三男（关东电波监理局监理部长）、清家武夫、曾我音吉（日本HERMETICS株式会社董事）、高岛辰彦、高桥武治（日本广播顾问）、竹下正彦（陆上自卫队干部学校校长）、馆野守男（NHK广播舆论调查所长）、塚本清（塚本总业社长）、塚本诚（电通社长室长）、德川义宽（侍从）、户田康英（东宫侍从长）、富冈定俊（史料调查会）、长友俊一（佐世保高工专门学校教授）、那须义雄（小松制作所）、滩尾弘吉（众议院议员）、野中俊雄（富士市社会福利协议会理事）、不破博（防卫厅战史室）、山岸重孝（日本大洋海底电线株式会社董事）、原百合子（现姓细田，主妇）、久富达夫、平井政夫（近畿大学教授）、古川勇（名山本启四郎，海上自卫队幕僚长副官）、保科善四郎（众议院议员）、松本俊一（众议院议员）、三井安弥、皆美贞作（书法教授）、美山要藏（千岛渊墓苑理事）、保木玲子（主妇）、柳泽恭雄（日本电波新闻株式会社社长）。

看着这份名单，我想起了公司好友安藤满先生和竹中巳之先生，为了我分别采访过横滨警备队的相关人员和宫内省的相关侍从。虽然军部、政府和NHK的采访都是由我本人进行的，但如果没有他们两位的帮助，这本书是无法完成的。想对他们两位表达由衷的谢意。另外，在我差点延迟交稿之际，竹内修司先生也给予本人极大的帮助，在此一并向他表达感谢。

半藤一利

1955年5月21日

参考文献

服部卓四郎《大东亚战争全史》

外务省编《终战史录》

布特《终战外史》

迫水久常《机关枪下的首相官邸》

加濑俊一《通往密苏里的路程》

下村海南《终战秘史》

塚本清《皇军的最后一天》

藤本弘道《陆军最后一天》

竹下正彦《阿南大臣的自刃》

井田正孝《宫城事件》

冈部长章的手记

不破博《东部军终战史》

德川义宽的手记

《铃木贯太郎传》

伊藤正德《帝国陆军的最后》

永松浅造《自决》

原四郎《终战时的报纸》

安倍源基的手记

细川隆元《两个诏书》

《证言记录——太平洋战争史》

高见顺、德川梦声、长与善郎的日记

小园安名《最后的对美抵抗者》

藤田尚德《侍从长的回忆》

高岛辰彦《东部军的最后与天皇》

东条胜子《战后的路还很远》

丹羽文雄《日本战败》

丰田副武《错误的御前会议》

莲沼蕃《令人战栗的八一四事件》

日本外交学会编《太平洋战争终结论》

铃木贯太郎《终战的表情》

*在这次的修改中，所参考的文献：

秦郁彦《裕仁天皇的五个决断》（讲谈社）

饭尾宪士《自决》（集英社）

大井笃《终战史资料》（未发行）

防卫厅战史室《大本营陆军部（10）》（朝云新闻社）

仓林和男《续：追踪陆军航空士官学校的史迹》（《翼》，航空自卫队联合干部会机关杂志）

高杉晋吾《逆转阻止玉音放送行动的士兵们》（朝日周刊）

茶园义男《终战诏书成立的真相》（中央公论）